元宇宙力

贾伟 邢杰 ◎ 著

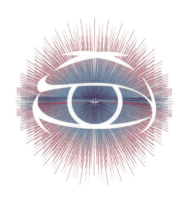

中国出版集团
中译出版社

图书在版编目（CIP）数据

元宇宙力 / 贾伟，邢杰著 . -- 北京：中译出版社，2022.4

ISBN 978-7-5001-7014-3

Ⅰ.①元… Ⅱ.①贾…②邢… Ⅲ.①信息经济 Ⅳ.①F49

中国版本图书馆 CIP 数据核字（2022）第 041084 号

元宇宙力

著　　者：贾　伟　邢　杰
策划编辑：于　宇　刘香玲　张　旭　方荟文
责任编辑：于　宇　刘香玲　张　旭　方荟文
文字编辑：赵浠彤　张莞嘉　方荟文
营销编辑：杨　菲　吴一凡　毕竞方
特邀编辑：张莹姗
美编团队：邱彦淞　高　青　黄晓凡　王中彦

出版发行：中译出版社
地　　址：北京市西城区新街口大街 28 号普天德胜科技园主楼 4 层
电　　话：（010）68002494（编辑部）
邮　　编：100088
电子邮箱：book@ctph.com.cn
网　　址：http://www.ctph.com.cn

印　　刷：北京顶佳世纪印刷有限公司
经　　销：新华书店
规　　格：880mm×1230mm　1/32
印　　张：9.5
字　　数：162 千字
版　　次：2022 年 4 月第 1 版
印　　次：2022 年 4 月第 1 次印刷

ISBN 978-7-5001-7014-3　　　定价：79.00 元

版权所有　侵权必究
中　译　出　版　社

推荐序一
我们从哪里来？我们是谁？我们到哪里去？/ 陆蓉之

推荐序二
驱动元宇宙的力量 / 肖利华

推荐序三
致人类对不朽的追求 / 张一甲

自　　序

第一章
元宇宙力之美

第一节 什么是元宇宙	003
第二节 什么是元宇宙力	023
第三节 本宇宙美学与元宇宙美学	050

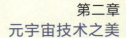

第二章
元宇宙技术之美

第一节 数字与数学之美	076
第二节 科技之美	089
第三节 元宇宙六大技术之美	095

目 录

第三章
元宇宙创作之美

125

第一节 设计之美	135
第二节 NFT艺术之美	160
第三节 电影之美	176
第四节 游戏之美	190

第四章
如花世界：
一个元宇宙原住民的故事

199

| 第一节 如花世界的三生元宇宙 | 204 |
| 第二节 如花世界之"如花五世" | 228 |

| 结　语 | 265 |
| 参考文献 | 269 |

III

我们从哪里来?我们是谁?
我们到哪里去?

1898 年法国艺术家高更(Paul Gauguin,1848—1903)创作了《我们从哪里来?我们是谁?我们到哪里去?》。一幅大油画在 19 世纪提出的一句"天问",至今仍然众说纷纭,莫衷一是。

我们从哪里来?在历史里,有些宗教回应了这个问题;我们是谁?古今中外哲学性的辩论至今未休;然而,我们到哪里去?这个未来式的答案,会是元宇宙吗?

1759 年前后在英国开始了第一次工业革命,1769 年瓦特改良了蒸汽机,从此机械化生产取代了人力、畜力、水力和风力,这场生产力革命持续发展到 19 世纪的 30—40 年代,从英国扩散到整个欧洲大陆,又传播到北美地区,蒸汽机、煤、铁、钢促成了工业技术的迅速发展。接着,19 世纪 60 年代后期开始了第二次工业革命(1870—1914),内燃机与电力技术的发明与应用催生了石化工业、汽车制造业、铁路运输业、造船业等，推动了社会经济力、生产力的加速发展。

20世纪40—50年代以来的第三次工业革命，是一场由信息控制技术带动的产能革命，原子能、电子计算机、空间技术、海洋技术、生物工程、信息技术、新能源技术与新材料技术等帮助实现了生产与管理的自动化、信息化、现代化。第四次工业革命基于前三次工业革命的知识系统，凭借信息系统与数字技术的指数级扩展速度，形成以智能制造为导向的新技术革命，包括：信息通信技术、信息物理系统、生物技术、基因技术、量子信息技术、新材料技术、新能源技术、网络空间虚拟系统等新技术的集群，推动了制造业的智能化转型，实现了数字空间、物理空间与生物空间的深度交互与融合的智能化革命。

从这个历史进程中我们看到，只有物理学的重大突破才能引起工业革命。到今天，大数据、云计算都还是第三次工业革命的持续进阶，第四次工业革命所谓的智能化革命，仍然在理论的大统合中寻找出路，至今还欠缺像牛顿力学、电磁学、量子力学、相对论等，那样具有物理学意义的重大突破与发明。所以，现在火热的"元宇宙"（Metaverse）概念，最早翻译为"超元域"，其实是更合适的，这个顶多是智能化革命进程中的一股热潮，远远无法和浩瀚无垠的宇宙发生关系，甚至还远远未出现物理科学可以支撑的各种宇宙现象。元宇宙？远着呢！

今天火热的元宇宙现象，更多的是来自互联网经济与新金融的商业需求。自 2020 年新冠肺炎（COVID-19）疫情暴发以来，大量实体人口的流动和各种交流都受到严重的干扰与限制。强制隔离与居家隔离的管理策略，虽按下人们在生活空间里活动的停止键，却带动了互联网虚拟空间里的社交平台与网络游戏的巨大流量，到 2020 年底，互联网的使用时长和流量都翻了一番，致使世界互联网平台的新技术持续快速发展。所以，对元宇宙的描述，有人认为是下一代的互联网，畅想着 Web 3.0，有人将元宇宙当作网络游戏的升级版，唯一可视的事实，是 VR（虚拟现实）/AR（增强现实）/MR（混合现实）/XR（拓展现实）等技术，已经越来越趋于集成与互涉，但这一切会是第五次工业革命吗？会是人类正渐渐走向的未来新文明吗？

所谓的 Z 世代（出生于 1995—2009 年）、α 世代（出生于 2010—2020 年中期）的年轻人，他们是互联网信息高速发展的"互联网一代"，是今天所谓元宇宙的原住民。他们从小就受到数字信息技术、即时通信设备、智能手机和网络游戏产品的影响，随着 5G、AI、区块链等技术的发展，通过 XR 技术和迭代更新的各种硬件设备，当今网络用户拥有了数字化生活体验，数字孪生已经打破了现实生活中的物理空间限制，脑机接口打破了现实世界与虚拟世界之间的大脑认知、心理想象的屏障,这些都被指向元宇宙,好像万物皆可元宇宙,元宇宙成为全球投资者和创意人士的大热门。对总是无中生有的艺术家或创作者而言,元宇宙,只是多了些遐思与念想,并不需要具备科学验证的条件与资质。艺术创作的世界,不论是《真名实姓》(True Names)、《雪崩》(Snow Crash),还是《第二人生》(Second Life),都是元宇宙的原生态。

英伟达的创始人兼 CEO 黄仁勋(Jensen Huang)将"元宇宙基础技术"回溯到 1993 年的 html 的计算机语言,大家是在 html 的基础上搭建了网页,有了网页才构成了网络世界。英伟达将美国皮克斯动画工作室创作的一种用于 3D 动画的 USD(Universal Scene Description,统一场景描述)称为元宇宙的新语言,英伟达用了 USD 的语言,推出了一种称为"全宇宙(Omniverse)"平台的新产品,成为建立元宇宙的基础工具,如今已经被全球 700 余家公司采用。黄仁勋也被华人数字科技界尊称为"黄教主"。

1976 年出生的贾伟和 1973 年出生的邢杰在此时推出他们合著的《元宇宙力:构建美学新世界》,这本书将跨界艺术与设计,尝试以元宇宙之名为"我们到哪里去?"建立新的审美探索途径,而非建立统一的审美标准或系统。洛可可(LKK)

创新设计集团董事长贾伟，是中国唯一独揽红点、IF、IDEA、G-Mark、红星等国际顶级设计金奖的设计师，他与生俱来的商业嗅觉和可以随机应变的机动力，让他在这个万物皆可元宇宙的风口浪尖上，再一次抢得头筹。

贾伟在本书开篇就提出他的"四力说"：感知力、认知力、创造力、想象力，共同构成"元宇宙力"（简称元力）。然后他以艺术技巧作为底层技术的判断标准，提出了：数字艺术之美和AI公式之美，运用数字孪生、AR、VR技术，交互共同构成他的如花艺术世界，其实就是有无限可能发生的如花元宇宙。贾伟邀来的好友邢杰，提出了"BIGANT"的元宇宙的六大技术理论：区块链技术（Blockchain）、交互技术（Interactivity）、游戏引擎及数字孪生引擎技术（Game Engine）、人工智能技术（AI）、智能综合网络技术（Network）、物联网技术（Internet of Things），延展出元宇宙时代的技术之美。这两位并非数字科技出身的作者，不约而同将全书重点落在数字科技赋能艺术所开创出的元宇宙"新美学"。

贾伟和邢杰共同研究分析出元宇宙的三个世界，三个世界互相赋能与相互支撑，成就一个交互的体验、感知环境。第一个是虚拟世界，能够为人类提供无限想象；第二个是数字孪生的世界，提供了真实世界里数字化复刻的极速版本；第三个是高能版的现实世界，令每个肉身在物理世界里能力倍增成为超人，为之前的两个世界的可持续发展提供了更坚实的基础与支撑。

两位作者在提出元宇宙的三个世界后，提出了三条主线的观点：一是眼、耳、鼻、舌、身、意六个维度的交互技术的发展主线；二是游戏、数字孪生、数字人、建筑、服装、教育等各行各业的各类引擎的发展主线；三是 NFT、DeFi、数字金融、DAO 等区块链技术在经济与治理两大领域的发展。他们认为这三条既独立发展、又相互螺旋结合的发展主线，会引发巨大的质变，形成元宇宙对人类社会及人类文明极大的变革力，更是成为文明迭代与跃迁的关键驱动力。他们表示以上的"三个世界、三条主线"概念，是元宇宙的精髓认知框架，是开放的，能够容下各流派的观点。

他们表示，普遍获得业界认可的元宇宙特征有：一、沉浸式体验；二、虚拟化分身；三、开放式创造；四、强社交属性；五、稳定化系统。此外，还有七个层面的价值链：体验（Experience）、发现（Discovery）、创造者经济（Creator Economy）、空间计算（Spatial Computing）、去中心化（Decentralization）、人机交互（Human Interface）、基础设施（Infrastructure），五个特征和七个层面的价值链会一同开启真实世界与虚拟世界之间进行共生融合的体验之旅。

推荐序一

　　从第一章第二节开始，两位作者进行了各种举例与图表的分析与陈述，展现了他们的博学广闻，古今中外引经据典，俨然是一本进入元宇宙的导览手册。2021年11月30日是洛可可的第17个周年庆，其旗下的"洛可可设计"已拥有上千名设计师；2014年洛可可成立第十年的时候，贾伟创立了"洛客"运用平台，利用人力加数字化的技术，聚集了上万名设计师在线，用户量瞬间增长。2020年，洛可可集团运用AI技术创立了"水母智能"，落实了普惠设计的理想，让每个客户都可以根据自己的需求在数据库里筛选喜欢的设计产品，这个应用上线只一年就积累了8万名用户，至2021年累计服务了48万名客户，用算法可以一秒钟就生成设计方案，一天可以完成100万件设计方案。

　　贾伟的运营模式，使用了海量的数据与强大的人工智能的算力，因此，他们所完成的设计，已经不是贾伟个人，或公司里少数人的审美观，他们设计的元宇宙，所创建的新时代美学的标准又是什么呢？贾伟认为，最核心的评判标准是项目里的"想象力的投入"，融入了众人的想象力以后，项目就能够充分地展现他们的观点，用最适合的形式去表现，那么产出的便会是有价值的，也就是众人都认为美的，就是"千人千面皆美"的新时代美学。这样多元而聚众的美学思想，和本人力推的

"极繁美学",不谋而合。

两位作者在第二章"元宇宙技术之美"的第二节里,阐述了区块链分布式的自治组织"DAO"(Distributed Autonomous Organization)是以点对点、端到端方式来运行的去中心化控制的机制,同时也去第三方中介的服务,实现共建、共创、共治、共享的管理模式。DAO 的特征是:自由开放、信息透明、通证激励、代码开源、社区自治、参与者拥有对组织的所有权,甚至人工智能都是组成 DAO 的一分子。不过,DAO 还处于早期的发展阶段,大部分的 DAO 都极其简陋,大部分的系统与智能合约都是以钱包地址作为系统内唯一的途径,而且由于法律缺失,不但没有相应的监管,也没有任何代码是可以完全抵抗攻击的。

在第三章"元宇宙创作之美"的第一节"设计之美"中,贾伟举证了他所领导的洛可可集团的阶段性突破与先锋实验和产出,第二节"NFT 艺术之美",详述了 NFT 艺术的崛起与发展,尤其是 2021 年 3 月 11 日美国加密艺术家 Beelpe 的作品 *Everydays: The First 5 000 Days* 以 6 934 万美元高价成交,随后在同年 12 月,不知真实身份姓名的加密艺术家 Pak 的作品 *Merge* 售出了 266 445 个 NFT,总成交价为 9 180 万美元,超过了 Beelpe 的纪录。目前在海外最热门的 NFT 交易平台,例如:

OpenSea、Rarible、Foudation 等都属于以太坊虚拟货币交易的公链。在国内，NFT 的发展是滞后的，2021 年 5 月 20 日，笔者曾经协助阿里拍卖与《中国青年报》联合举办了中国第一个 NFT 艺术的公益拍卖，非遗传人、流行歌手阿朵在当时发行了国内第一个音乐的 NFT。

贾伟的首款数字艺术藏品《如花在野·花园》于 2021 年 12 月底在视觉中国旗下的元视觉艺术数字藏品交易平台亮相。"如花在野"系列作品联合洛可可的珊瑚创品与奥兰酒庄，全球首发元宇宙艺术潮流葡萄酒，在 2022 年 1 月 10 日揭秘 NFT 如花。贾伟的雄心远远超出 NFT 加密数字艺术作品，他将"如花在野"与无人机科技结合，以一场如花千机大秀形式于同年 2 月 14 日情人节与 2 月 15 日元宵节在广州演出：《如花回首，万家灯火》《如花在海，年年有鱼》《如花花园，千多玫瑰》《如花在雪，冬奥绽放》，与广州原本绚丽的地面灯光和小蛮腰塔的灯光交相辉映，这套无人机作品之后又形成四件 NFT 数字艺术作品在平台上销售。

两位作者在第三节"电影之美"中列出了一些和元宇宙密切相关的影片，读者朋友可以通过观看这些影片对元宇宙有更深刻的认识。此外，2013 年的真人/动画科幻电影《虚拟天后》（*The Congress*）、2017 年的《寻梦环游记》（*Coco*）、2018 年的

《海王》（Aquaman）、2019年的《双子杀手》（Gemini Man）、同年的《阿丽塔：战斗天使》（Alita: Battle Angel）等亦可作为补充参考。

　　第四节"游戏之美"指出，《罗布乐思》（Roblox）是一款2007年正式上线，全球最大多人在线的游戏UGC平台，拥有4 210万日活用户，也是在2021年3月10日上市时，第一个把元宇宙写进招股说明书的游戏公司。被称为"元宇宙第一股"的《罗布乐思》，却在2022年初的资本市场遭遇"滑铁卢"。2003年发布的《第二人生》（Second Life）和网易游戏代理的《我的世界》（Minecraft）沙盒游戏（Sandbox Game，又名开放式场景游戏）是两款比较接近元宇宙概念的游戏。由暴雪娱乐所制作的第一款大型多人在线角色扮演游戏《魔兽世界》（World of Warcraft）和冰岛CCP公司开发的一款PC端的沙盒游戏《星战前夜》（EVE Online），在中国均由网易游戏代理，二者都提供了实时演算的庞大资源和奇观式的场景，后者还以其精妙绝伦的制作水平，被纽约现代美术馆收藏。这种多人在线、去中心化的游戏所展现的极繁主义美学，具有高度自由的游戏模式，不仅塑造了元宇宙环境的重要审美依据，更引领了21世纪当代艺术美学的发展方向。

　　该书最后一章"如花世界：一个元宇宙原住民的故事"，主要在讨论贾伟所创作的数字 IP "如花",以如花在野的三生元宇宙,和如花世界之如花五世,塑造了一个贾伟所构建的如花元宇宙,笔者另有专文讨论贾伟从设计跨界艺术创作的心路历程及他自创元宇宙的思想经纬。

陆蓉之
资深策展人、艺评家、整策师、潮艺术家、电影制作人
2022 年 3 月

推荐序二

驱动元宇宙的力量

新一轮科技革命、产业革命正在重塑世界,经济的全球化加速推动了全球经济治理变革,经济的数字化更是成为全球经济高质量发展的重要引擎,其中数智化在各方面都爆发出了驱动力。在新冠肺炎疫情期间,数智化为抗疫提供了"免疫力",后疫情时期,数智化为市场经济提供了"恢复力"和"生产力"。

对于关注数字经济的企业来说,我认为数智化转型将为组织带来新驱动、新增长,以及以下"三个力":

第一个是数字化的变革力。

第二个是数字化的进化力。

第三个是数字化的内驱力。

这三大力量的叠加不断推动企业组织进行数智化的转型和

升级，这不是一个选答题，而是一个必答题。

当前，消费互联网、产业互联网双轮驱动拉开产业互联网4.0的帷幕，在技术创新作为底层逻辑的推动下，数智驱动的未来形态也是一个必答题。

2022年的元宇宙是数字化、网络化、智能化发展的方向，贾伟关注元宇宙，结合设计领域的发展路径与他的商业实践，提出元宇宙力，提出想象力经济。

（一）元宇宙力

贾伟认为元宇宙是一种新型驱动力，驱动人类科技探索、经济发展、生活提高……我认为很贴切，作为一种数智化发展的新型互联网形态，元宇宙是一种状态和趋势，但更多的是一种驱动，给人类向数智世界迁徙提供了无限可能并描绘出了美好蓝图，让人类看到了数智未来的具体场景，驱使人类不断向前探索与推进。

（二）想象力经济

贾伟创办洛可可创新设计集团，想象力带来了价值满足，让想象力转换为商业机遇，以想象力驱动经济发展。我认为洛可可是一个想象力驱动的企业，设计师用想象力创造新物种，为用户带来价值；贾伟是一个想象力驱动的企业家，从洛可可到洛客到"水母智能"、到海星宇宙，这些都是想象与实践相结合的成功案例。仔细想来，什么商业模式不是由想象力驱动呢？具备想象力的经济才会引领、才会开创、才会成为先驱。

我相信数智化将会不断驱动经济、社会、科技各领域实现真正增长，元宇宙力将会推动人类不断前进。

肖利华

阿里巴巴集团副总裁、阿里云研究院院长

2022 年 2 月

· 推荐序三 ·

致人类对不朽的追求

元宇宙无疑是科技行业近期最热门的词汇。然而,当人们谈论元宇宙时,总困于定义的混乱。正如"一千个读者心中有一千个哈姆雷特",此时此刻,元宇宙尚无较统一的定义,而很多网络信息中对于元宇宙的解释都仿佛盲人摸象:要么不够完备,要么不够自洽,要么过于极端。

而阅读本书,是近来阅读元宇宙相关材料体验中格外难得的一次。

在本书中,贾伟不仅对元宇宙给出了相对严格的定义,并开辟了一个特殊的视角:美学。

在元宇宙概念本身还不广为人知之时,提出"元宇宙力"和"元宇宙美学"的确具有先锋性,甚至是极为大胆的。这倒是很符合我对贾伟的认知。2021年在我与贾伟的一次对话中,谈及商业美学,他有句话让我印象深刻:"第二次的文艺复兴一定发生在中国,而且一定与科技复兴相伴相生。我坚信我是文艺复兴中的一员。"

科技和美学看似相距甚远,结合起来威力却不容小觑。将二者结合得最好的是乔布斯,借助此种途径,他得以颠覆了计算机、手机、音乐、动画、平板计算机和应用中心六大产业,一次次抵达现实扭曲力场。而元宇宙展开了一张比计算机、手机等更大的画布,让技术、商业、艺术得以在其上群雄逐鹿。

值得一提的是,贾伟是一个总可以把看似无章可循的事物拆解为框架理论的人。之前他曾和我分享如何公式化地打动人心的经验,而本书中,在解构国内外各种元宇宙深度研究报告后,他提炼出一套简洁易记的元宇宙认知框架:一句话、三个世界、三条主线,并概括了"四力"——感知力系统升级、认知力系统重构、创造力系统涌现、想象力系统爆发,四力合一,统称"元宇宙力"。诸如此类公式化的理论在本书中比比皆是。

要做到这一点,需要极强的复合能力:不仅要有对美学、设计、产品、商业的深刻理解,对底层技术的深刻认知,也需要极强的凝练概括和定义能力;既需要清晰理性的框架思维,也需要极度感性的无限想象。因此,本书呈现了一种奇妙的综合体验:有序的理论性与狂放的想象力并蒂而生。

我的感受是，人们对元宇宙本身的理解，往往反映了自身深层次的哲学观。

在物理世界，人是极为脆弱且渺小的，面对浩瀚的宇宙和无尽的时空，人类需要构建出世界观来和自己和解。元宇宙和本宇宙的一个巨大差别是，本宇宙先于人类出现而存在，而元宇宙是由人类自己创造出来的。面对这场人类文明从本宇宙向元宇宙世界的数字大迁徙，人们终于有机会主动设计自身、定义世界，而不必等待生物进化、大自然的恩赐。

虚实结合、心物一体，在 XR、AI、数字孪生、区块链、NFT 等技术加持下，元宇宙试图抵达一个突破了热力学第二定律（熵增定律）的花花世界，也将给出在虫洞技术实现之前人类突破距离限制的最佳方案，这种突破时空界限的可能，将让生产力大幅提升、生产关系摩擦大幅减少，也必将让个体的时空感全面颠覆。

元宇宙诞生所爆发和衍生的无尽想象，反映了人类的底层需求：重新塑造自我、主宰自我、定义自我，甚至追求某种意义上的永生，乃至逼近造物主的深层次愿望。人类有机会搭建元宇宙世界的公理体系。这无疑会让创造力得到如同寒武纪大爆发的释放，正如本书所言，真正的创造力不是创造出了某个物件，而是提出了新的世界观。

说到底，元宇宙的构想近乎一种人类的生存本能——对不朽的追求。奥维德所说的"吾诗已成，无论诸神的愤怒，还是地底的烈火，都不能使它消弭于无形！"指的就是这种不朽。从这个角度讲，"元宇宙"一词的诞生，比探究这个词的意义更有意义。

当然，瑰丽想象力的另一面，是无数待解的议题和现实的困境。在读本书的过程中，我一直在做笔记，不仅是摘录书中的内容，也引发了一连串新奇的想象、疑惑和自问自答。比如我会进一步好奇：

- 元宇宙的运行还需要物理形态的能源和算力，而此刻的算力进步速度远比不上数据爆发的速度，元宇宙的建立是否存在物理上的极限？
- 人类大脑能否适应急速过载的信息量？
- 生产力与生产关系同步并举地重塑，会给现有商业和社会秩序带来何种挑战？
- 元宇宙的身份体系和账号体系将以何种方式与本宇宙相容？
- 伴随元宇宙和 Web 3.0 的诸多发展，我们将迎来更割裂还是更共通的文明？

- 当万事万物"连"在一起,"自我"的概念是否会被颠覆?
- 在元宇宙中,因时空不再受限,一切资源流动速度过快是否会导致失控?
- 元宇宙的价值导向是否会突破人类现有价值体系?
- 在美学之外,是否会催生新的经济学派系和哲学派系?
- 当科幻与魔幻共存,如何正本清源、去伪存真?
- 元宇宙如果是人类文明的下一阶段,这是最终解,还是将有下下一阶段呢?

或许,元宇宙的魅力和魔力正来源于此,这也是其美学的一部分——明知未来无法预期,可一件事物总是先从大脑中创造出来,才能变成现实。想象力之花率先开放,枕籽而眠,醒来时身旁已是一棵参天大树。

张一甲

甲子光年创始人、CEO

2022年2月

自　序

2021年是元宇宙元年，人类开启真实与虚拟共生的元宇宙时代。

2021年6月，我的老友邢杰邀我一起参与元宇宙相关议题的研讨。经过几轮探讨，基于我多年对创新设计的理解，也基于洛可可在数字和人工智能（AI）产品创新的尝试，我们开始意识到未来将是一个以创新为新竞争力的元宇宙新时代。所以我开始主动去学习和探讨元宇宙的一些可能性，包括商品的可能性、新的商业模式的可能性和创造力的可能性。于是我与邢杰决定，我们一起写一本关于元宇宙力与元宇宙时代美学的书籍。

我在给相关元宇宙书籍作序时说过，元宇宙时代是一场人类文明从本宇宙向元宇宙世界的数字大迁徙，在此过程中我开启了一系列的相关思考：

第一个思考：为什么会出现元宇宙时代？

第二个思考：元宇宙时代，人类会有什么改变？

第三个思考：是什么促使这些问题的底层逻辑发生了改变？

第四个思考：元宇宙会给我们的本宇宙的应用带来什么？

第五个思考：在元宇宙时代里，我们的美学新世界是什么？

…………

元宇宙时代并不是凭空出现的，究其原因，我认为有天时、地利与人和。在多重因素的影响下，促成了 2021 年的元宇宙元年，让大家听到元宇宙的概念，看到很多关于元宇宙的解释和报道。在这样一个数字孪生、虚拟与现实共存的背景下，想必大家最关心的便是这对自己的生活会带来什么影响。我思考了人类的灵魂三问："我是谁？""从哪里来？""到哪里去？"发现在元宇宙世界里，这些问题似乎可以有新的答案。那导致底层逻辑发生改变的原因是什么呢？我认为是"元宇宙力"。元宇宙有"四力"：第一是感知力系统升级。人类开始从本宇宙的五感感知，进入元宇宙时代的 N 感感知。第二是认知力系统重构。人类开始从本宇宙的自然规则、文化规则，进入元宇宙时代格式化式的算力认知。第三是创造力系统涌现。人类开始从本宇宙的自身创造、以人的需求为主体的创造，到元宇宙时代的作品即商品、创造即生产、想到即出现、所想即所得。第四是想象力系统爆发。人类开始从本宇宙借助物理系统到大脑想象，

自　序

再到元宇宙时代的无限想象。

我通过已有的元宇宙的数字应用入口，看到元宇宙中美学世界的雏形。

首先，我认为元宇宙的美，底层必须有技术之美。一是数字之美。因为元宇宙是意识流和信息流的东西，思想意识通过信息流转换，数字之美就是数字变成了一个美学标准，它构建出了一套完整的数字自身的美学思想体系。二是 AI 公式之美。我们生活的地球公式很复杂，所以我用几种 AI 算法公式构建了我的元宇宙，AI 之美的公式构架本身就是一种底层美学，它有道德，有文化，有呈现。AR、VR、MR 是思想本身，是呈现，它不是出现了之后就永恒不变的，而是不断呈现出更多的意识流。在整个元宇宙世界中，所有的东西都是以微秒为单位，在变、在自生长的。

其次，我认为元宇宙时代的新美学世界最重要的元素是元宇宙力、感知力、认知力、创造力、想象力构建了新的美学系统。元宇宙时代是一个千人千面皆美的时代，面对未知，一切逻辑失效，任何的发明与创造都将依赖想象力。元宇宙时代的世界不是真的，脑海中想象的世界才是真的。

基于对这些问题的思考，汇聚成了这本书的大逻辑。在本书第一章我会重点阐述我关于元宇宙时代新的美学体系构建的一些思考，希望能给读者在创新创业、产业改革、数字艺术、元宇宙关注、美学讨论等各领域带来一个思考方向。第二章邀请好友邢杰就他提出的"BIGANT"元宇宙六大技术理论延展出元宇宙时代的技术之美，给关注元宇宙投资创业、关注新时代技术等的读者们一个用审美切入的视角。第三章我们重点分析了目前元宇宙在一些相关领域应用与创作的美学逻辑以及未来美学趋势。第四章是一个相对独立和完整的部分，是一部关于元宇宙原住民"如花"的短篇小说，如花是谁呢？她是我艺术创作出来的一个人物形象。我们每个人在这个世界上有"本生"，即我们客观的身份，就我而言，是一个设计师、一个企业家、一个学生、一个父亲……；我们每个人还拥有一个"野生"，我理解这是我们精神的世界，即我是一个艺术家，用绘画作品展现我的野生世界，自由自在。元宇宙时代到来，技术发展，现实与虚拟世界共生，我们出现了"元生"世界，这是一个虚拟与现实无限打通，想象力变成驱动力的空间。而"如花"在我的"元生"世界里开启了如花王国，本书结尾有如花世界的入口，欢迎读者开启一段不一样的阅读之旅……

最后，我认为元宇宙时代的到来，需要以元宇宙力为推力，我们发挥元宇宙"四力"，原创了本书的插图，用这些插图致敬本宇宙的艺术家，用这些艺术家的经典风格来表达我们的理论观点，重新构建美学新世界。

我希望从一个用户的视角去看待元宇宙时代的到来，希望能让对元宇宙时代的创新、创意有期待、有想法、有行动的人，去收获元宇宙时代相关美学理论，去走进与元宇宙相关的创作场景，去理解元宇宙时代的共创逻辑，去进入一个元宇宙原住民的世界，去获得元宇宙带来的相关体验。

贾 伟

2021年12月于北京

第一章

元宇宙力之美

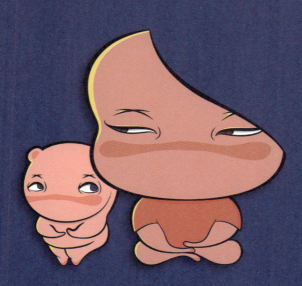

第一节

什么是元宇宙

"我在现实生活中玩耍,而不是真正地活在现实中。"

这是畅销书《火车上的女孩》(*The Girl on the Train*)中一句广为流传的话。这句话可以用来表达此前大多数人对虚拟世界的认识:虚拟世界是个玩耍的地方,人还是要活在现实世界里。

这两年,随着新技术的发展,虚拟世界变得越来越重要,比现实世界还要重要;甚至就是一种新的现实,一种影响更巨大的现实。

于是,人们用了一个名词来指代这种越来越重要的现实:元宇宙。

一、元宇宙的前世

"元宇宙"在2021年火爆全球,但它并不是"砰"的一下诞生的,无论是这个名字,还是支持元宇宙的技术,都有自己的源头和发展进程。

"元宇宙"的思想源头,专业人士比较认可的是美国数学家和计算机专家弗诺·文奇(Vernor Steffen Vinge)教授,其在1981年出版的小说《真名实姓》中,创造性地构思了一个通过脑机接口进入并获得感官体验的虚拟世界。

1992年,美国著名科幻大师尼尔·斯蒂芬森(Neal Stephenson)在其小说《雪崩》中,描绘了一个庞大的虚拟现实世界:"戴上耳机和目镜,找到连接终端,就能够以虚拟分身的方式进入由计算机模拟、与真实世界平行的虚拟空间。"在这个庞大的虚拟现实世界中,人们用数字化身来控制行为,并相互竞争以提高自己的地位。

即使现在来看,这种描述还是很超前的未来世界。

元宇宙一词,也就是从这部小说开始被人们接纳和采用的。

元宇宙英文为"Metaverse",该词最早在国内被翻译成"超元域",没有任何反响,直到后来被翻译成了"元宇宙",借着2021年Roblox上市的财富神话而一炮走红。

Metaverse 这个梦想直到 2003 年美国一款叫作 *Second Life* 的现象级虚拟世界游戏的出现才走进大众的生活。人们可以在其中社交、购物、建造、经商。于是各大机构纷纷进驻，好不热闹：BBC、路透社、CNN 等报社将 *Second Life* 作为发布平台，IBM 开始在游戏中购买地产，建立自己的销售中心，瑞典等国家在游戏中建立了自己的大使馆，西班牙各政党在游戏中进行辩论。

大家忙活了一大通才慢慢发现，理想很丰满，现实很骨感。因为受当时科技发展水平的制约，*Second Life* 与人们想要的元宇宙还相距甚远，一句话，"早产"了。当时人们把科幻当作了科技。

2021 年被称为元宇宙元年，是否还会像当年的 *Second Life* 一样是又一场泡沫呢？

我们说这些年有三种关键技术的进步决定了这次元年的"货真价实"：算力技术、人工智能技术、区块链技术。算力和人工智能近 5 年进入了超指数级大发展的阶段，使高效、低成本地制作和显示高逼真度的 3D 数字世界成为越来越近的现实。区块链技术的高速发展，则为即将到来的元宇宙虚实融合世界的想象力、创造力大繁荣，提供了数字版权和产权确认与交易的极高效的技术保障。

事实上,"元宇宙"更像是一个经典概念的重生,而不是一个新的概念,它是在扩展现实、区块链、云计算、数字孪生等新技术下的概念具化。这些具化,已经在我们的生活中"颇具规模"地开始了,比如:

2020年4月,美国歌手特拉维斯·斯科特(Travis Scott)在美国游戏公司 Epic Games 旗下的《堡垒之夜》游戏中举办了一场线上虚拟演唱会,吸引了超过 1 200 万名玩家参加。Facebook(现更名 Meta)也推出了 VR 社交平台 Horizon,人们可以在其中创造世界,社交方式将不再局限于打字和语音。网易投资了类似 Second Life 的 3D 社交平台 IMVU,专注于利用 VR 和 3D 技术创造虚拟世界的"现实社交"。2018 年,美国科幻冒险片《头号玩家》中的虚拟世界"绿洲"就是元宇宙。

2021 年 3 月 10 日,在线游戏创作平台 Roblox 作为"元宇宙"概念股成功登陆纽交所,上市首日市值突破 400 亿美元。而腾讯在 2020 年 2 月参投 Roblox 1.5 亿美元 G 轮融资,并独家代理 Roblox 中国区产品发行。

2021年4月12日,英伟达首席执行官黄仁勋宣布英伟达将布局元宇宙业务;4月13日,Epic Games 宣布获得10亿美元融资,并声称此次融资主要用于开发元宇宙业务。此外,Facebook、微软、字节跳动等巨头也纷纷对元宇宙进行投资。

元宇宙从提出概念到概念重生，从概念重生到概念具化，必然需要物理支撑，这个底层支撑就是技术。支持元宇宙的六大技术包括区块链技术（Blockchain）、交互技术（Interactivity）、游戏引擎及数字孪生引擎技术（Game Engine）、人工智能技术、智能综合网络技术（Network）、物联网技术（Internet of Things）。我们将这六大技术支柱的英文缩写组合统称为"BIGANT"，后面在第二章第三节我们会有更详细的介绍。

二、穿透迷雾：元宇宙精髓之美

元宇宙的前世充满科幻色彩和人们无处安放的数字幻想，而元宇宙的今生则堪称混乱：定义的混乱、理解的混乱、投机的混乱。如果混乱也是一种美，那现在就是大美无言。

目前各界关于元宇宙的定义五花八门，有 Roblox 创始人提炼的 8 个特点、Beamable 创始人提出的元宇宙价值链 7 个层次、硅谷著名投资人马修·鲍尔提出的 6 个特征、阿里 XR 实验室提出的 4 个层次、华为河图负责人提出的 8 个要点等。各自因身份不同、出发点不同，所以解构出的元宇宙也就不一样。

那到底谁说的最接近真相？元宇宙到底是什么呢？

元宇宙到底是游戏，还是AR（增强现实）/VR（虚拟现实）/MR（混合现实）技术？是各种技术的大集成，是下一代互联网，是下一代社会，是人类下一代文明，还是人类历史的新纪元？

我们在解构国内外各种元宇宙深度研究报告后，提炼出一套简单易记的元宇宙认知框架，堪称元宇宙精髓：一句话、三个世界、三条主线。

一句话，即用一句话定义元宇宙内涵：元宇宙是人类数字化、智能化高度发展背景下的虚实融合的社会新形态。

三个世界，即元宇宙由三个世界构成：一是元宇宙虚拟世界，二是元宇宙数字孪生的极速版真实世界，三是元宇宙高能版现实世界。

先说说第一个虚拟世界。其前半部分就是《头号玩家》《黑客帝国》里面所描述的那个与现实物理世界平行、没有或很少相交的世界。这是一个人类完全用想象力、创造力构建的纯数字化的虚拟世界。这个虚拟世界由浩如烟海的各种各样的子元宇宙构成，就像互联网上无穷无尽的应用程序。

这个虚拟世界可以包含无数高度逼真化、沉浸化而且可以

元宇宙包括三个世界

——Craig & Karl

社交和交互的《哈利·波特》《西游记》《理想国》《三体》《复仇者联盟》《天龙八部》《浮士德》《笑傲江湖》等所有人类的想象。以前人类很难将这些想象用低成本的方式做成沉浸感互动化的作品，而在元宇宙时代，通过各种强大引擎平台和工具，人们可以把自己的宏大想象快速、低成本又逼真地呈现在元宇宙里。

元宇宙虚拟世界的前半部分主要是上面所说的各种非工作层面的想象，后半部分则是各种工业和各种产业层面的想象，这种想象被称为设计和仿真。比如，设计新的产品、武器、展厅、房地产、城市、景观规划等，将来都会先在元宇宙虚拟世界里做出完全逼真的产品，并对这个数字产品实现各种物理世界的仿真和测试，比如风吹雨打、极限破坏、灾害模拟等，以大大提高研发效率、降低研发成本、缩短研发周期。也就是说，将来绝大部分产品，首先是在元宇宙里做出来，然后才会传输到现实世界，通过 3D 打印或生产制造出来。

再说元宇宙的第二个数字孪生的极速版真实世界。这是把我们的物理现实世界几乎一模一样地复制到元宇宙的数字虚拟世界中。这种复制不只是简单的形状复制，更要实现所有物理特性的复制和仿真，这个就很难了。

大家看到的各种逼真游戏，虽然是数字化的，但它们大都不需要符合物理世界的各种特性，比如游戏里的人走路、物品碎裂、武器攻击、风雨雷电、山水田园等自然环境，都不需要遵守力学、电磁学、光学、生物学等规则，想怎么飞就怎么飞，想怎么动就怎么动。

把现实世界复制到元宇宙虚拟世界里，是一项极其浩大的工程，也是一个极其庞大的产业链，会创造无数就业机会。其中，数字孪生引擎、各种尺度的扫描与视频图像的 AI 识别、建模和仿真、各种各样的物联网传感器和相关技术是这项浩大工程的技术保障。

完成现实世界的数字孪生之后，就真正实现了足不出"户"——元宇宙虚拟世界，尽知天下事，尽游天下景，尽交天下友，甚至尽品天下美味（通过嗅觉和味觉智能硬件）。

在这样的元宇宙数字孪生世界里，由于每个人和世间万物都被数字化了，相当于不再受体重和肉身的拖累，可以像电子一样瞬间到达对应于物理现实世界中的任何一个"真实的"空间和对象。这极大提高了每个人在现实世界的工作与生活效率，因此元宇宙也被称为真实世界的数字化极速版。

元宇宙第三个世界，就是前两个世界加持下的高能版现实世界。

第一个虚拟世界，是人进入虚拟世界休闲娱乐和工作；第二个数字孪生的极速版真实世界，是人进入数字化的真实世界里工作和生活；而第三个世界，人人都变身成"肉身超人"，即肉身仍然在物理世界工作和生活，但由于XR眼镜、脑机接口等智能硬件的帮助，人被前两个世界强大的数字化能力实时在线赋能，所以变成了千里眼、顺风耳、最强大脑。

怎么理解？举个例子：你来到一个新楼盘打算买房子，当你进入小区大门时，戴上了AR智能眼镜，这时镜片屏幕上实时显示出这个小区的总面积、容积率、楼的数量、周边交通等信息。当你被销售人员带到一间新房里，镜片屏幕实时显示出AI计算出的每个房间的实际面积、公摊面积、墙壁平整度、歪斜度、隐藏裂缝、涂料品牌、预期寿命、屋顶漏水概率等各项数据，甚至AI镜片还能显示这个销售说话时的真实度概率。

这时你如果想看一下自己老房子里的家具搬到新房后的效果，只要语音告诉AR眼镜，眼前瞬间就能呈现装满老家具的新房效果。这么满意的房子，如果你想让家人也感受一下，AR眼镜就会立刻连线你的家人，他们的数字分身会瞬间来到现场。你带着他们仔细考察了每个房间，AR眼镜还帮你们模拟了从早到晚、春夏秋冬各时间段内，新房里温度和光线变化的景象，以及周边噪声的影响情况。

在这样的元宇宙第三世界里，由于前两个世界的强大赋能，我们每个人在现实物理世界的能力暴增，变成了超人，工作与生活效率极大提升，与社会各界的沟通、协作半径被无限扩展。

元宇宙这三个世界相互支撑、互相赋能。第一虚拟世界为人类提供无限想象；第二孪生世界提供真实世界的数字化极速版本；第三高能版现实世界令每个肉身在物理世界里能力倍增成为超人，从而协助人类把物理世界建设得更好，为前两个世界的持续发展奠定了更坚实的基础。

元宇宙的三个世界，既极大丰富了人类向内探索精神世界的自由度，又极大提升了人类在物理现实世界向外太空探索星辰大海的能力和效率！

元宇宙是由三条主线所驱动：一是交互发展主线，包括眼、耳、鼻、舌、身、意（心）六个维度的交互技术；二是引擎发展主线，包括游戏、数字孪生、数字人、建筑、服装、教育等各行各业的各类引擎；三是区块链发展主线，包括在经济与治理两大领域的非同质化代币（NFT）、去中心化金融服务（DeFi）、数字金融、分布式自治组织（DAO）等。

第一条线是交互发展主线，涉及 AR/VR/MR、裸眼 3D、全息技术、智能耳机、味觉嗅觉智能硬件、触感手套、触感衣、电子皮肤、脑机接口等。交互技术的发展，将给人类的交流方式、生活方式、工作方式、城镇化等带来巨大的改变。

交互发展主线分狭义和广义。狭义的交互技术是指人与元

元宇宙发展的三条主线

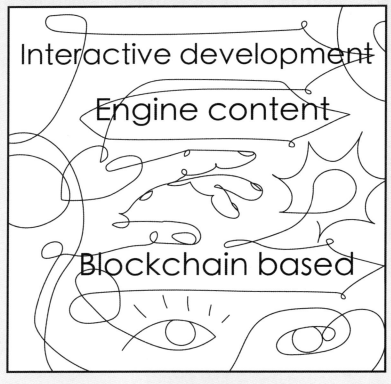

——DFT

宇宙之间的交互，不只是 AR/VR/MR，而是完整涵盖眼、耳、鼻、舌、身、意（心）六个维度。广义的交互发展主线还包括物与元宇宙之间的交互，既有物如何联动元宇宙里的数字物、数字人和数字系统，也有元宇宙里的数字世界如何影响和控制物理世界的物、事、人（包括新型复合多基质 3D 打印机等）。

基于 AR/VR/MR 和全息等方式的 3D 沉浸式交互，也是目前扎克伯格、库克、阿里 XR 负责人和华为河图负责人在谈论元宇宙时所涉及的主要内容。VR 给人类提供了高沉浸感、高分辨率、高仿真度的视觉及沟通方式，虽然从技术和产品上来讲，达到肉眼无法分辨的颗粒度、刷新率、时延等还需要 3~5 年的时间，但已经不远了。

如果说 VR 让人们沉浸在虚拟世界、让人出世的话，那么 AR、MR 将调动虚拟数字世界的强大资源和能力，帮助人们在现实物理世界成为加强版的自己，更好地入世。

除 XR 眼镜这条视觉技术路线之外，裸眼 3D、全息投影、视网膜成像等视觉技术也在不断迭代之中，科技界 10 年左右的中期技术目标是扔掉 XR 眼镜，还裸眼 3D 自由。不管是哪条技术路线，都高度依赖芯片算力传输等相关技术的突破，好在"英伟达"们的算力迭代非常给力，未来可期。

除视觉维度之外，将人类的嗅觉、听觉、表情、肢体动作、温湿度和压力感知等全面与元宇宙打通,才能实现真实人与数字替身人之间量子纠缠般的联动。虽然这两年触感手套、肌电手环、体感衣、电子皮肤等相关智能硬件进展也不错,但要想实现与身体全方位、长时间、良好舒适度的输入输出密接,还有比较长的路要走。

六个维度的最后一个是意(心),即人类意识的传输与处理,这也是《奇点来临》中的奇点所在,一旦意识可以脱离肉体在元宇宙内外传输,人类将跃迁为新的物种。

元宇宙交互主线的发展突破,其最终目的是实现人类六感的无限延伸,即你的眼即是我的眼,我的身即是你的身,彻底摆脱人类肉身在空间距离上的制约。这将是虫洞技术突破之前人类解决距离问题的最佳方案。

天涯若比邻,在元宇宙时代,终将因为交互技术的发展成为现实!

第二条线是各类引擎和内容生产平台发展主线,包括游戏引擎、数字孪生引擎、工业设计与仿真引擎、数字人引擎、教育课件引擎、建筑引擎、服装设计引擎、艺术创作引擎等各种引擎和内容生成平台,完成从PGC(专业生产内容)到UGC(用户生产内容)再到AIGC(人工智能生产内容)的大发展,为元宇宙内容大爆发提供坚实而丰富的工具支撑。

元宇宙时代将是人类精神产品和服务极度丰富的时代，是创作者经济极度繁荣的时代。

跟互联网一样，优质内容也是元宇宙的核心。在 Web 1.0 的 PC 互联网阶段，绝大部分优质内容以 PGC 为主，直到 Web 2.0 的移动互联网阶段，才批量出现 UGC 的平台，比如抖音、快手、微信等。因为技术所限，目前互联网的 UGC 还都只是二向箔化的 2D 内容。至于 AIGC，才刚刚起步。

3D 化、高沉浸感的内容是元宇宙的魅力所在，但因为元宇宙相关技术还处于较早期的阶段，所以 Roblox、FORNITE 这样的 UGC 平台，目前还只能以低分辨率的像素风格为主。

只有引擎技术成熟才会有内容生产平台的成熟，这里我们就简化成讨论引擎技术。而当前阶段最受关注的引擎技术主要是游戏引擎和数字孪生引擎。

今后游戏引擎有两大发展方向：一个是继续面向专业人员，提供专业复杂但全面强大的功能；另一个是面向大众演进，易学易用，为各类 UGC 平台提供傻瓜化的虚拟世界构建能力，并进一步发展成 AIGC 平台。

数字孪生引擎用于把真实世界数字孪生到元宇宙里。从建模角度，可以简单地把数字孪生对象分为自然景观和人造物品，其中人造物品又分为有数字模型和无数字模型。自然景观和无数字模型的建模，现有技术基本都能实现，主要就是精细度和成本的问题。比如北京香山的数字孪生，做到千米级、米级、分米级、厘米级的成本差异是巨大的。现在随着无人机和 AI 技术的广泛应用，建模速度快速提升，成本快速下降。

数字孪生还有一个重要的大领域，就是企业的数字孪生，尤其是工业制造业，即把企业的研发、生产、制造、仓储、物流、销售和售后服务的全价值链都实时动态孪生到元宇宙虚拟世界。全程数字化、高度智能化的企业元宇宙，将极大提高企业经营管理的效率。其中，制造业的数字孪生技术难度较大，主要在设计端和生产端，要完全符合物理定律。

数字人引擎技术也是目前比较受各界关注的领域，目前主要有 MetaHuman 和 Omniverse Avatar 两大高仿数字人平台。不过都处于早期，想要达到人人都能接受的价格水平还需要 3~6 年的发展。

第三条线是基于区块链的经济与治理发展主线，包括 NFT、DeFi、数字金融、数字资产互操作性、分布式存储、各类 DAO 组织的演变等。区块链是元宇宙的重要基础设施，是元宇宙经济与治理体系的根基。

现代社会的经济与治理体系其实是一套效率比较低下的体系。组织内部、组织与组织、国家与组织、国家与国家之间，主要基于一套纸质的法律与契约体系，需要依靠各种各样的中介机构才能保持运转；且效率低下。中间环节越多，这套体系的效率就越低下。同时，纸质，甚至连纸质都没有的各类显性与隐性契约，又给人为操控破坏契约留下了大量不确定性的空间，进一步加大了各个主体之间的摩擦和信任成本。

人们相互之间交易与协作的信任成本其实是很高的，达成纸上纸下、表里如一的真正共识十分难。

区块链技术将推动互联网从 Web 2.0 向 Web 3.0 迭代，互联网从最早的 Web 1.0 的通信网络发展到 Web 2.0 的信息网络，即将进入 Web 3.0 的价值网络。价值网络最主要的特点在于把商业平台上的信任成本降到最低，并将信任的效率升到最高。

基于 Token 的数字经济体系和基于 DAO 的治理体系，是区块链技术带给元宇宙最重要的两大基础性支撑，将是元宇宙时代创作者经济大繁荣的最重要的技术保障。

正是这三条既能独立发展又会相互螺旋结合，从而引发巨大质变的发展主线，形成了元宇宙对人类社会及人类文明的极大变革力。三条缺一不可。科学技术是生产力变革的关键驱动力，也是生产关系变革的关键驱动力，还是社会与时代变革的关键驱动力，更是文明迭代与跃迁的关键驱动力。

"一句话、三个世界、三条主线"，这套元宇宙的精髓认知框架,是一个开放的框架,各流派观点都能在其中找到安身之处。

三、元年到来:元宇宙的爆发与特征

元宇宙在2021年突然火爆,究其原因,我们认为有天时、地利与人和。

天时:新冠肺炎疫情在全球蔓延,加速了数字化迁徙的速度。人们越来越习惯远程工作,久困疫情之中,生活也被迫更加数字化。

地利:技术发展和用户增长成为元宇宙的基础,5G、区块链也在这两年大热,被普通人所理解并加以应用。

人和:个体的数字社交、创造需求和资本的投资需求同步高涨。在网上养虚拟宠物已有多年,跟虚拟人物约会、恋爱甚至结婚的新闻也时有报道。人们已渐渐分不清自己在虚拟世界的样子和现实中的样子哪个更重要。

元宇宙以"硬技术"为基础,包括计算机、网络设备、集成电路、通信组件、新型显示系统、混合现实设备、精密自由曲面光学系统、高像素高清晰摄像头。

元宇宙形成的产业链包括微纳加工、高端制造、高精度地图、光学制造等,例如衍射波导镜片、微显示和芯片制造以及相关的软件产业。

当然，元宇宙的运行还需要物理形态的能源和算力。

不管如何定义元宇宙，我们可以看到，元宇宙所具有的基本特征已得到业界的普遍认可。

特征一：沉浸式体验，低延迟和拟真感让用户具有身临其境的感官体验；

特征二：虚拟化分身，现实世界的用户将在数字世界中拥有一个或多个身份（ID）；

特征三：开放式创造，用户通过终端进入数字世界，可利用海量资源开展创造活动；

特征四：强社交属性，现实社交关系链将在数字世界发生转移和重组；

特征五：稳定化系统，具有安全、稳定、有序的经济运行系统。

元宇宙既可以是数字空间概念，也可以是物理空间概念。物联网将把数据、地理空间触发的内容镜像输入元宇宙中，让我们可以用新的方式理解、操纵和模拟现实世界。元宇宙的虚拟地产承托起了数字资产，各种数字艺术能在这个空间大放异彩。

元宇宙价值链包括人们寻求的体验，以及能够实现这种体验的科技。价值链包括七个层面：体验（Experience）、发现（Discovery）、创造者经济（Creator Economy）、空间算计（Spatial Computing）、去中心化（Decentralization）、人机交互（Human Interface）、基础设施（Infrastructure）。

2021年的元宇宙元年爆发，让我们感知到一场人类文明向数字化的大迁移，人类开始了从本宇宙向元宇宙的大迁移，是人类对真实世界与虚拟世界进一步融合共生的尝试。

元宇宙时代会重新构建人类的生活方式，重新构建人类的思考逻辑，重新构建人类对于美的理解。

― 第二节 ―

什么是元宇宙力

在本宇宙，人们对于美的理解是什么样的？

我们认为本宇宙有自然之美、人文之美、商业之美、哲科之美、宗教之美五个美学类别，这五个类别构建了一个层层相互关联的美学体系。我们认为这像是一个金字塔，金字塔底端是这个地球上最为古老、最为广泛存在的美——自然之美。空气、阳光、生态……一切有机的存在都具有自然之美。虽说"美"的定义来源于人类，但是在我们人类出现之前，在人类定义"美"的标准之前，自然中的色彩、形态、场景早已存在。在自然之美的基础上，孕育出了专属于人类的人文之美。人文之美除了东西方差异、古今差异外，还有类别差异。在人文之美中，因为交换的出现，逐渐衍生了商业之美。商业之美的上层是哲科之美，哲学与科学是两条交织影响、并向前行的线，因为哲学思想的进步影响了科学技术的发展，科技的应用又反作用推动商业发展，这便是哲科之美。哲学与科学再往上是人类思想和精神的汇聚——宗教之美，引导人类追逐美好。宗教之美再往上，我们认为处于金字塔顶端的是元宇宙之美。

在这个金字塔模型的平行方向，我们认为是人类四个力的另一个金字塔，这便是本宇宙对于美的理解。

这个金字塔的最底层是人类对自然之美的获取途径，即感知力。一个正常的人与生俱来具有六感：

通过眼睛打开视觉之感；
通过耳朵打开听觉之感；
通过鼻子打开嗅觉之感；
通过口舌打开味觉之感；
通过肌肤打开触觉之感；
通过心灵打开心觉之感。

感知力打通，人类文明出现，人文之美出现，人类基于感知力获得认知力，认知帮助人类习得知识、加工信息。

认知力让人类认知所感知到的一切外界事物，当人类开始改变世界，创造力便出现了。商业之美和哲科之美便是人类创造力的经典产物。创造力让人类生产力得到迸发，人类开始从人文之美中去挖掘商业世界的价值创造，探索思想层面和科技层面的向前发展。

创造力让人类物质生活得以满足、生存环境得以保障的同时，也让人类的感知面更加广阔，认知更加深刻。在感知力、认知力、创造力的支撑之下，人类开始了对更多意识层面的探索，想象力便得以充分释放。

宗教之美和元宇宙之美，便是想象力作为推动力的美学。当人类开始联想自身与自然、超自然的关系，开始思考关于食物、繁衍、先祖、死亡、万物、氏族群体的神秘力量以及祈求敬拜，原始信仰便诞生。

当人类基于自身的历史经验，去联想自己的未来与可能性，开始利用各种技术条件去构建理想天堂，去实现现实世界所不能及，去推进虚拟世界与现实世界的关联，元宇宙时代便来临了。

如果没有想象力，人类无法构想前世、今生、后世的因果福报。

如果没有想象力，人类不能创想本生、野生、元生的关联交互。

本宇宙美学体系与推动元宇宙时代到来的四力

——致敬罗伊·利希滕斯坦

一、什么是元宇宙力

人类进入元宇宙时代，我们觉得可以用两个词来描述元宇宙：一个词叫流淌，另一个词叫弥漫。像水一样流淌才是元宇宙，像火一样弥漫才是元宇宙。正如水流需要动力、火烧需要燃料，元宇宙其实就是一种力量，我们称之为"元宇宙力"，简称"元力"。

解构来看，元宇宙力到底是什么呢？

我们认为在四力——自身感知力、认知力、创造力、想象力的相互作用之下，人类开始迈向元宇宙时代。而元宇宙时代到来，有了技术的加持，反作用到这四力上时，便出现了人类的感知力系统升级、认知力系统重构、创造力系统涌现、想象力系统爆发。

其中，人类想象力系统的爆发，让人类的感知力、认知力、创造力、想象力产生新一轮的变化。现实世界里的四力相互影响，却相对独立；而在元宇宙世界里，四力合一，进而形成"元宇宙力"，形成一个更加充分的"元力系统"。

（一）感知力系统升级

本宇宙的感知力，与自然之美密切相关，人类通过感知去认识自然。

元宇宙时代的感知力则与人类以往任何一个时代都不同，既是感知方式底层逻辑的差异，也是感知内容广度上的差异。元宇宙时代的感知力是从现实世界到有限感知再到无限感知，现实世界里的六感超越空间、超越时间，通过通感，变成N感系统，呈现全新的感知力美学。

超级喜悦感、极致速度感、无限挑战感，进而产生感知联想、感知创造、感知共鸣、感知社群、感知力创造者。

元宇宙的感知力系统升级。此时人类的超级感知力已经突破了我们物理世界的人的想象。我们可以想象一个本宇宙世界拥有六感的人类，初到元宇宙世界，突然发现自己除了能眼看、耳听、鼻嗅、嘴尝、手摸、心想之外，还可以自主地用身体的任何一个部位去感知光线、速度、气压、湿度、情绪。我们将拥有七感、八感、九感、十感……那会是一种打通全身细胞、混合感知的感受。元宇宙世界的我们在看到一个东西的时候，甚至可以看到味道，看到触觉感受，看到声音。

这种感知力系统升级，和几千年前、几万年前的先祖相比，已经是颠覆性的。回顾人类的远古时代、农业时代、工业时代、信息时代，感知力有变化，但是并没有发生系统性升级。几万年前的人类看一朵花、吃一个好吃的水果，和现在人类的感知是一样的。从人类历史演进过程来看,人类整体的这种感知还有可能因为环境的变化、对自然的依赖变化、接触到的感知刺激过多而"减弱",甚至"退化"。从人的一生来说,人类个体的这种感知力也随着年龄的增长、阅历的积累而"越来越小"。

比如,一个刚长出乳牙的孩子吃到第一口苹果的感知与一个忙碌于会议的成年人在茶歇果盘中随意叉中一块苹果放进嘴里的感知,一定是完全不一样的,孩子会本能地用所有味觉系统去品味之前从未品尝过的食物,去记忆这个味道。这个孩子可能会很喜欢苹果的香甜,下次再闻到苹果的香甜,会自然地想起这一口的感知。而忙碌的成年人在吃到苹果后,可能会知晓自己刚刚无意中从水果拼盘中叉起的水果是苹果,然后继续忙碌,感知不到那么多滋味。可能因为成年人吃过太多滋味,味蕾记忆太多,甚至有些记忆被忘却和麻木封存,也可能因为他太过忙碌,吃水果对他而言只是一种习惯动作,是一种补充能量的方式,并不是感知力的享受。所以从某种程度来说,这是不是可以理解为人类感知力的相对"退化"呢?

元宇宙时代的到来,对人类的贡献之一,我们认为是想象力爆棚导致感知力的极大系统性升级。因为在元宇宙世界里,能让人类感知到极大的速度感、无限的色彩感、真正的美食的味道以及无法想象的美妙……所以进入元宇宙时代,人类可以

感知力系统升级

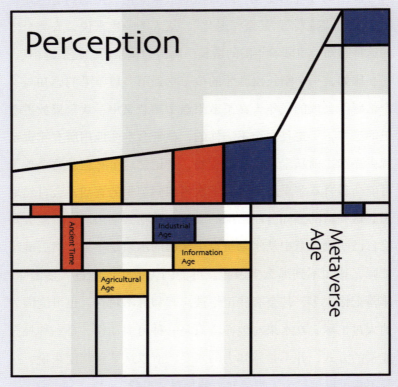

——致敬蒙德里安

注：本宇宙感知力系统，通过人类不同时代的发展，也随之发展。但是发展的速度相对平缓，变化相对不大：信息时代的人类与远古时代的人类相比感知力系统不会有飞跃性的差异。元宇宙时代，人类的感知力系统飞速升级。

"恢复"或者"修复"感知力。它让忙碌的人们可以重拾儿时敏锐的感知,让身体有缺陷的人可以拥有健全的感知。紧接着,人类可以系统升级感知力,可以觉得自己活得像一个"神",瞬间感知失重、感知加速、感知切换……实现感知通感,实现感知都能汇聚到一起的超级感知力场景。

在本宇宙美学体系,人类有六种感觉。就感知力的问题而言,元宇宙的人和本宇宙的人的感知力是相通的。在元宇宙里,人也会觉得雄壮的山很美、冰封的雪很美,这些美都是通感,跟本宇宙的人是相通的、协同的。人本身还是自然人,只要是人,感知力基本上就是通的。元宇宙实际上是放大了这种通感,而不是放弃了通感。

在元宇宙里,感知系统有很大的升级,其实这个升级就是一个增强,这个增强就是放大,就是在不放弃本宇宙感知力的前提下的增强。

元宇宙是一个虚拟现实,是一个背景系统、加速系统,比如,一段美妙的音乐,你在元宇宙还是能听出其中的美妙,但是,你听着音乐,同时也呈现出你想象的音乐画面,甚至味觉等;再比如,玩过山车,你在现实中玩不了那种速度非常快的过山车,速度太快了是很危险的,而且你也只能到游乐园玩,在家里就玩不了,但在元宇宙,你可以尽情地去享受那种速度的感觉。

元宇宙会增强人类的感知力，会增强人类的通感能力，拓宽感知的面；会增强人类的感知力度，拓深感知的度。元宇宙是想象力的大爆发，让我们的感知力系统升级，感知力无限增加，也正是因为这样，人们才会愿意进入元宇宙。

（二）认知力系统重构

本宇宙的认知力与人文之美相关。比如，我们生活在西方还是东方，我们生活在北京还是上海，自然环境的不一样，时间空间的不一样，造就了人文环境的不一样。在本宇宙世界里，因为时间和空间这两个因素进入人类的认知系统之后，人类的认知力大大提升，人类开始认知这个世界。就像佛教里所讲的，看山是山，然后到"看山不是山"，人们会说这是泰山，那是华山；这是我们家门前的那座小山，那是远方的那座大山……

感知力系统升级下的认知力系统会被重构，本宇宙的认知系统是地球逻辑，而元宇宙打破学习范式，直接重构，随时大脑格式化。

元宇宙时代人类对这个世界的认知，可能出现平行世界、数字世界的认知方式，那时候，认知力会大不如前，会形成衣、食、住、行、意各方面全新的认知力美学。

认知力系统重构

——致敬康定斯基

注：**本宇宙认知系统被解构**
本宇宙认知包括感觉、知觉、记忆、思维、想象和语言等。
认知力是指人脑加工、存储和提取信息的能力。
元宇宙认知系统被重构
认知力系统被重构，可以重构成无限种认知方式和表现形式。

在元宇宙世界里，认知力系统重构，会改变我们对与本宇宙人类生存场景息息相关的具体形象的认知：

衣：人类可以秒换衣服、皮肤、发型，甚至角色；

食：人类可以用通感享受各种美食，对美食的享受甚至比现实世界里更丰富饱满；

住：人类可以建造数字空间，产生住宅流动性，形成参数主义美学建筑；

行：人类可以从物理空间的行变成意识流的行，想到即达到，瞬间可以到达任何地方；

意：人类可以重新构建本宇宙已有的认知系统，如生命认知、文化认知、商业认知……

尤其会改变本宇宙的哲学体系，会颠覆人类哲学的三个基本问题："我是谁"、"从哪里来"、"到哪里去"。

第一个问题"我是谁"。因为元宇宙世界里存在不同宇宙空间，我是贾伟，我的身份一定会变的。在本宇宙世界里，我是我父母的儿子，我是我妻子的丈夫，我是我孩子的父亲，我是洛可可创新设计集团的创始人，我也是元宇宙 AI 艺术家贾伟（KK）。"我是谁？"在本宇宙世界里，这个问题的答案似乎都需要有一个参照,这个参照可以是另一个人,也可以是一个场景。但我们似乎都忘记了我们是我们自己,那我自己是谁?

进入元宇宙世界里,我可能已经有 AI 数字存储的我,我回到我自己,我是谁由我而定。比如,我一直认为我是一个拥有女性视角的设计师,所以在我的元宇宙世界里,我可能就是一个女孩,我今天所在的世界和过去每一天都不一样,那我的身份也不一样,我可以把我自己的形象进行混合编排,因为元宇宙世界是一个可以脱离肉身的数字世界,我不一定非要有肉身,我可以是一切。

那么,如果我进入其他人创造的元宇宙世界,我是谁又不由我定。比如,我可能是一张扑克牌,我可能是一棵树,我也可能是一阵风……我依然可以是一切。

第二个问题"从哪里来"。随着第一个问题被颠覆,这个人类的基本哲学问题,也必然会有不同答案。在目前的本宇宙世界里,最直接的答案是:我们都是从妈妈的肚子里来。而到了元宇宙世界,我们可能不从妈妈的肚子里来,我们可能是自己创造的,而且我们可能创造了不止一个自己,比如我,我把自己的 IP 形象用洛可可上线的"水母智能"应用,利用人工智能技术自动生成 30 万个自己,我就是我自己的创造者,实现"我就是我自己的神"。

第三个问题"到哪里去"。这个关于人类生命终点的问题，同样被颠覆。在本宇宙世界里，人类的物理生命终有尽头，但是在元宇宙世界里，我可能在漫游，在不同的元宇宙空间，或者在我们自己构建的元宇宙世界里，生命认知也会变，就连身份、形态等都会变，伸展性的人会变成创造性的人。人类不是以生老病死和生长为目的，而是以创造为目的，即只要我们是创造者，就不断会有数字血液流进自己的身体，就会不断有AI新的算法构建自己的体格，亦即数字和AI算法会以创造者身份的价值高地重新构建我们的身体逻辑。这时，人类的意识生命变成了无限生命，那这个人类终点的问题——"到哪里去"似乎也没那么重要了。比如，在元宇宙世界里，我们不需要去探索火星了，我们用5分钟的时间在元宇宙世界里自己创造一个火星，可能比现实世界里的火星更真实。

（三）创造力系统涌现

在本宇宙世界里，当人类开始从农业时代过渡到工业时代，就有了商业逻辑。工业时代开始发展，商业美学就出现了，与商业美学相依存在的当是我们今天看到的哲科美学。哲科美学推动着商业美学的质量，这就是创造力的作用。商业美学与哲科美学不再是单纯的认知，而是人类开始运用自己的创造力去产生价值。

本宇宙世界里的创造是人的生产、人的创造，主要以人力加上机械力、蒸汽、电气来创造。元宇宙世界里的创造方式出现了数字创造，出现了 AI，出现了 AR、VR、MR……这些数字技术的出现，让原本单个的、单向的创造力，变成片状创造，变成多元创造，变成智能创造。

此时的创造力是可以无限增加的，而创造力无限增加之后，就会出现一个全新的人类生存场景：世界上的物质与情景一下子比原来丰富了一万倍。我于 2004 年创立洛可可，到 2021 年 11 月 30 日刚过完第十七个周年庆，目前旗下设有几条不同的业务线，"洛可可设计"公司现在拥有上千名设计师，从设计师人数体量上看已经是很大的一家设计公司，但是一年也只能做 1 000 个项目，也就是设计 1 000 个产品，我意识到设计行业也是一个人力模式的行业。2014 年，洛可可成立第十年的时候，我开始思考下一个 10 年应该怎么办，于是我创立了"洛客"，洛客像滴滴一样运用平台思维，积累了上万个设计师，利用人力加数字化的技术，让用户量一下子增加了，但我觉得还是不够普惠，我想象的设计可以更加普惠，人人都能共创设计。于是 2020 年，我们创立了"水母智能"，运用 AI 技术开始普惠设计，每个客户都可以根据自己的需求在数字界面选择生成符合自己想法的设计产品,所以这个应用上线一年就积累了8万个客户,2021年累计服务48万个客户,因为算法让设计方案可以实现一秒生成,一天可以完成100万个设计方案的交付。这就是元宇宙数字创造让创造力无限增加之后的实例。

元宇宙时代的到来,是技术与想象的并行结果,也是科学技术与想象力让创造力系统涌现,让创造力真正变成多元创作,数字自身的创作,实现AI创造AI。当然元宇宙是不能完全脱离本宇宙而独立存在的,就像我们现在的生活所习惯的汽车、手机等,原本我们都没有,但是基于技术与想象,为了让人类有更好的生活场景,创造力让这些新事物出现。元宇宙世界亦如此,都是我们基于本宇宙的生活场景,为了搭建更好的、更方便的场景而创造出前所未有的一切。

当然,元宇宙世界里肯定也有我们本宇宙生活场景中存在的东西,比如:元宇宙里肯定有摩托车,元宇宙里肯定也有一瓶红酒……但是,这些东西不会凭空出现,需要我们在元宇宙里去创造,而元宇宙世界里的创造实践跟本宇宙世界里的创造实践很不一样,制造一辆摩托车的方式不一样,酿造一瓶红酒的方式也不一样。

元宇宙时代的创造力系统涌现,不是工业革命时代那样单纯地因为生产力技术的改变,让物质生产飞速前进。本宇宙的

创造力系统涌现

——致敬安迪·沃霍尔

注:本宇宙能带来改变人类工作生活状态的创造力系统需要特定的时间、空间、人群。元宇宙能带来改变人类工作生活状态的创造力系统是无限涌现的。

人人都是创造者,出现个体创造者、群体创造者、AI 创造者。

创造即生产,创造者变成价值高地。

创造力发展，是创造客体的外在表现，主要是人类创造出了更为丰富多彩的物质；元宇宙的创造力涌现，是创造主体内在的表现，此时人人都是创造者，产生了无限的创造力美学。从人的创造到机器创造，出现了个体创造者、群体创造者、数字创造者。这里，我们提出一个概念叫"作品即商品"，就是作品一创造出来就变成商品、产品，而不是现在的流水线，因为元宇宙没有那么复杂，想到即出现，想到即所得。这在原来是不可能的，但在元宇宙，你创造出来就是商品，你只要能想到，就能集成生产，原本的价值增量就会出现价值存量，价值增量创造变成价值高地。这里面有一个概念会变，即人们的价值观会变，人们的价值观是创造者为大，就是谁能创造东西谁为大，而不是拥有者为大，原来你拥有的财富多就以你为大，未来谁是创造者就以谁为大。

所以，在元宇宙，创造力爆发的核心是人类的创造能力提升，到那时，人类的想象力经济就会出现。

（四）想象力系统爆发

本宇宙世界的人类开始往内心深探，开始往外超越本宇宙求索。在宗教美学中，不管是佛教、道教还是基督教，都崇尚真善美；在宇宙美学和元宇宙美学中，不管是物理宇宙，还是意识宇宙，这些高阶的美学状态，都不能缺少想象力。

创造力系统涌现之后，就是想象力系统爆发，元宇宙的想象力不再是借助物理系统——大脑来进行创造。想象力爆发的高级状态是世界观，一种多元世界观出现。什么叫多元世界观？即真正的创造力不是创造这些物件，不是创造元宇宙里面的数字化物件，也不是创造一个LED作品，而是在想象的世界，想象出了新的世界观。

比如说，未来你能想象一个世界观，你就是一个元宇宙，就有人特别想去你这个世界观里活着。也有可能我们今天想新建一个世界观，并基于这个世界观去创造一些相关事物和场景，但是明天我们可能又重新构建新的世界观。元宇宙最大的进展，就是我们可以有多种世界观，我们创建属于自己元宇宙世界的世界观，每个人都可以选择在自己的元宇宙世界观里活着，如果你觉得我的世界观有意思，我就能吸引你到我的世界观里来。世界观里面会出现不同的精神家园。

想象力系统大爆发，人类开始构建自己想象力精神家园和世界观，形成想象力经济。本宇宙想象是物化想象，元宇宙想象是观念想象。

我们认为元宇宙的经济已经不是生产，已经不是工业时代生产类型的技术，已经不是农业时代的自然经济，也不是人文经

想象力系统爆发

——致敬凯斯·哈林

注:本宇宙的想象力系统是基于物理世界存在、认知系统能接收到的信息而延展,是一种物化想象。

元宇宙的想象力系统是无限爆发的。

基于精神、意念、世界观而延展,是一种观念想象。

济，而是谁有想象力谁就是这个世界的主宰者的想象力经济。

想象力这个词一直没有真正用力量的逻辑来表达，而当人类意识到想象力可以用力学的逻辑来表达的时候，元宇宙时代的想象力才能得以真正地表达出来。

二、元宇宙四力之间的关系

我们认为元宇宙是一种力量，一种人类新构建的力量，这种力量的底层是本宇宙一直拥有的四种力：感知力、认知力、创造力、想象力。元宇宙时代的人类终于可以用想象构建一个新世界，感知力升级、认知力重构、创造力涌现、想象力爆发，多元而无限。

但是元宇宙四力与本宇宙美学系统对应的"四力"金字塔逐层支撑推进不太一样，元宇宙力"四力"之间的关系是一个同心圆，相互包含，不断合力向外发散。"四力"的最外围是想象力，想象力系统的爆发会直接联动感知力、认知力、创造力系统的变化。

同心圆的最内侧，是感知力，感知力遇到元力会扩散出认知力，认知力遇到元力会扩散出创造力，创造力遇到元力则会扩散出想象力，呈现出"元力值"带动四力变化的状态。

元宇宙"四力"关系

——致敬罗伯特·德劳内

注:四力合一组成元力,元宇宙时代的美学系统——元力之美。

如果我们回看刚刚所说的"四力"金字塔，加上元力值，"四力"金字塔会变成倒金字塔形的"元力值金字塔"。

（一）元宇宙"四力"（元力）历史发展关系

感知力、认知力、创造力、想象力并非元宇宙时代的人类突然迸发，这"四力"并不是元宇宙时代的专属，在人类出现的时候"四力"就存在。当我们认识到由元宇宙时代的"四力"所延伸出来的元力时，回看人类不同时期的发展，我们会发现元力在不同时期发生的不同变化。

我们把"四力"金字塔、元力值金字塔倒放、交叉，这时会发现所呈现出来的相交关系与人类发展史具有关联性，形成了"四力"历史发展关系图。

我们把人类发展时期大概分成五个阶段：远古时代、农业时代、工业时代、信息时代和元宇宙时代。

当人类还在远古时代的时候，生存场景在大自然中，需要打开全身的感知系统去警惕环境的变化与周遭事物的一切动向，因为一不小心可能就会有生命危险，所以远古时代的人类每个毛孔都在感知这个外界环境的变化，感知力非常丰富。认知力方面能习得一些打猎采集的经验，能接收天气冷暖变化的信息，能创造和制作一些生产石器和御寒衣物。远古时代的人类会想

元宇宙"四力"(元力)理论

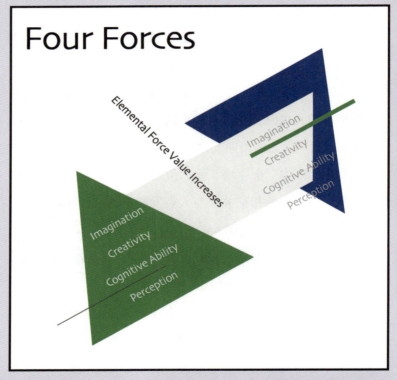

——致敬埃尔斯沃斯·凯利

"四力"历史发展关系

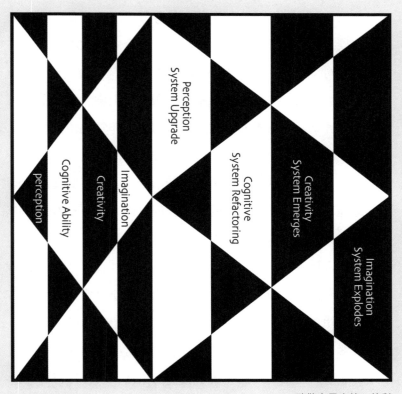

——致敬布里奇特·赖利

象自己的狩猎场景，会想象自己捕猎到很多动物的画面。

当人类进入农业时代，生存场景是唐代诗人顾况的一首《过山农家》："板桥人渡泉声，茅檐日午鸡鸣。莫嗔焙茶烟暗，却喜晒谷天晴。"人们水边定居，鸡鸣犬吠，日出而作日落而息，家族之间因佳节而相聚。这与我们这个农业大国很多农村的现状相同，农业生产需要依赖大自然。

因为需要从大自然中汲取水分、阳光、土壤、养分滋养农作物和驯养动物，人类对气候、时节的感知非常敏锐。农业时代的人类出现社群文明，认识到了人类与自然的关系，认识到了人类与其他生物的差异……人类开始定居，能创造性地根据不同地理环境建造适合居住的房屋，创造出人类与自然的和谐共生。人类开始想象超越自然的力量从何而来，开始想象生前来处与死后归途。

当人类步入工业时代，从远古时代、农业时代积攒而来的感知和认知，让人类的创造力爆发，人类开始用自己的创造去改变自然。进入工业时代，我们有一个非常明显的感知——流水线工业生产出来的用品充实了我们的生活，衣食住行都经过了工业加工。人类似乎不那么依赖大自然了，而是可以通过技术创造一个恒温恒湿的、最舒适的生存场景。

这个时代人类的想象力也极大地延展了，人类开始畅想自己可以像大雁一样在空中飞翔，像鲸鱼一样可以深潜海底，像猎豹一样极速奔跑。工业时代在技术的加持下，人类的想象逐渐变为现实。

在不断积累下，人类迈进信息时代。这时人类的感知、认知、创造，从底层方式上会因为互联网技术、信息处理技术的出现而变得与过去不一样。在信息时代里，人类可以在网络世界里感知一切，可以通过互联网手段认知世界，可以用代码技术创造一个虚拟的新系统。而驱动这些可能性的重要因素就是想象力。过去的人类想象世界上有顺风耳和千里眼，而信息时代人类通过信息技术实现千里传音和一眼万年。

在信息时代的推动下，人类开始进入元宇宙时代。这个新时代继承了信息时代的想象力推动逻辑，让想象力爆发，再加上技术的同步发展，使得感知力、认知力、创造力都发生了系统性变革，进而形成元宇宙力。

元宇宙时代不偏不倚，让人类双脚站在科学与想象之上、物质与精神之上、现实与虚拟之上，虽然还是蹒跚学步的阶段，但朝着一个更加积极的、丰富的、释放想象力的方向发展。

本宇宙已经很美，人们为什么愿意进入元宇宙世界呢？

正如电影《头号玩家》中所说："人们来绿洲做自己想做的事，不过，能变成任何想要的模样才是他们留下的原因。"

— 第三节 —

本宇宙美学与元宇宙美学

新时代的到来，必然会出现新的美学系统和新的美学标准，我们认为元宇宙时代的美学便是元力之美。

元宇宙时代，什么是美？

要理解"元宇宙之美"，我们先温习一下"本宇宙"的美学体系，也就是我们现在栖居的世界所发展出来的美学体系。

一、本宇宙美学

"本宇宙"的美学体系，有纵横两个发展轴线：横向是时间，纵向是类别。在这个坐标轴上有无数的发展线，代表着本宇宙不同的文明体系对于美的认知与发展。

在时间的坐标轴上，一切事物都是流淌的，气候的变化会

本宇宙美学系统

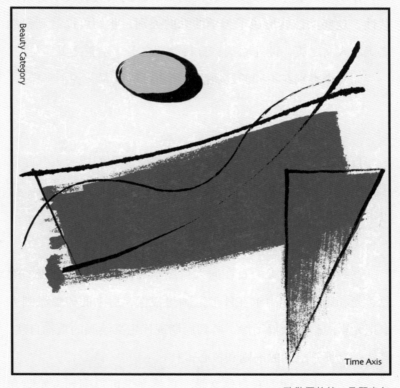

——致敬罗伯特·马瑟韦尔

变成气候史,动物的进化会变成进化史,人类文明与朝代的更迭会变成历史,科技的发展会变成科技史,人类对美的认知与发展也不例外,是一个动态的美学发展史。

在动态的美学发展史中,我们不难看到人类对美学理解的共性,这些共性就形成了美学的纵向类别,我们可以看到自然之美、人文之美、商业之美、哲科美学之美、宗教之美。

而每个类别在不同的发展阶段所占据的位置又各不一样。

(一)自然之美

自然之美是人类与生俱来的审美感受。我们所有人都是属于自然的,跟花花草草一样,但我们又有主观视觉的修改,所以可以由此产生自然之美。

人类对自然之美的追求,尤其体现在绘画和文学上。

在绘画上,人类一直在向大自然学习,学习它呈现出的颜色、光和影,早期力求在外形上画得很像,后来的印象派则力求把光影的感觉画得很像,再到后期现代主义绘画的重构自然,自然一直都是绘画的准则和核心素材。

在文学上,西方有自然文学,自然文学可追溯到古希腊和罗马时代亚里士多德的《动物志》和维吉尔的《牧歌》;近代的有美国作家梭罗的《瓦尔登湖》,他被视为美国文化的偶像和美国最有影响力的自然文学作家，他的精神被视为美国文化的遗产；更近的有 1962 年出版的雷切尔·卡森的《寂静的春天》，描述了滥用化学农药对生态环境和人类所造成的破坏，并由此建立了第一个地球日，这也是守卫人类心中的"自然之美"。

在中国，有东晋陶渊明的田园派诗歌，有谢灵运、谢朓等的山水诗，有唐代的山水田园诗派，代表人物有王维、孟浩然、常建、韦应物、柳宗元等，以反映田园生活、描绘山水景物为主要内容。自然之美既成了中国古典诗歌的主要素材，也成了中国文人遭遇逆境时的精神寄托。

（二）人文之美

这里的人文是一个宽泛的概念。人文主义源于古希腊，是理解古希腊艺术的第一把钥匙。生活在民主制度下的古希腊人热爱生活，肯定现实，以人和人的世界为艺术的主题和研究对象，将神看作强健、聪明和更加理想的人，努力在艺术中表现理想的人体。

人文主义在文艺复兴时期形成了系统的思想体系和世界观，它弥漫在文学艺术和世俗生活中，主张一切以人为本，反对神的权威，把人从中世纪的神学枷锁下解放出来。宣扬个性解放，追求现实人生幸福；追求自由平等，反对等级观念；崇尚理性，反对蒙昧。这一观念影响深远，绵延至今。

纵观人文之美，我们从时间轴上可以看到在西方美学发展历程中的六种美学形态：

（1）以亚里士多德为主要源头的自下而上的美学形态，即以经验主义去归纳美；

（2）以毕达哥拉斯为主要源头的自上而下的美学形态，即从理性主义方面去演绎美；

（3）以贺拉斯的古典主义诗学和西塞罗的修辞学（雄辩术）为主要源头的艺术美学；

（4）源于柏拉图以及希伯来文化，中经普洛丁和托马斯·阿奎那，乃至夏夫兹博里与哈奇生的非理性主义美学；

（5）以康德为代表的自律论美学；

（6）以人的社会属性为出发点来研究人的审美意识的19世纪其他美学流派。

如果从宽泛的概念上去理解人文之美，那么，在这个坐标轴上，我们可以看到丰富多元的人文之美，此时的人文之美会上升为不同的文化风格，而这些文化风格又会落实到人类文化中的具体审美形态中，例如，西方文化的审美形态可以概括为三种：以希腊文化为源头的"美"、以希伯来文化为源头的"崇高"以及现代人面临虚无深渊的"荒诞"。华夏文化的审美形态可以概括为两种：儒家之"和"，道家之"妙"。

人文之美，如果跳出本宇宙美学系统的坐标轴，不以东西古今来论，而单纯以美的形态特征来概括，我们就可以提取出人文之美的种类：崇高、优美、悲剧、滑稽和喜剧、荒诞、中和。

这里，以"崇高"和"优美"来分析一下人文之美已经被人类拓展和阐释到了什么程度。

崇高。康德第一次从哲学的高度研究了崇高，提出崇高对象的特点是无形式，表现了体积和数量的无限巨大，超过了主体的感性力量所能把握的限度，造成客体对主体的直观否定，从而唤起了主体内在的更强大的力量，即理性观念与之抗衡，最后战胜客体，主体获得了肯定。这样，主体就从由对对象的恐惧而产生的痛感转化为由肯定主体尊严而产生的快感。

从这个定义里，我们可以看到人文之美产生的关键：主体获得肯定。

优美。优美又称秀美、纤丽美、阴柔美、典雅美，即通常的狭义美。优美的本质在于人与世界的和谐共存，是人对这种和谐状态的情感肯定。优美的特点是：单纯、和谐、完整。

从这个定义里，我们可以看到人文之美强调的是人与世界的关系，也是从人的角度出发来解读世界。

（三）商业之美

商业文明是在原始的以物易物的交易基础上发展起来的。旧石器时代发展到新石器时代后，出现了物物交换，典型的交换是以生产工具交换食物；青铜器时代、铁器时代又出现了部落生产力的分工，出现了大范围的一对一的物物交换；工业革命推动了厂商的兴起，厂商借助工业革命的肥沃土壤，通过规模效益实现资本积累；现在，经过产业链全球化、消费主义的洗礼、渠道和平台的竞争，商业的范围和影响已经遍及地球的每个角落，深入个人生活的细微层面。

商业到底是有害的、罪恶的，还是有益的、美好的？人们有过很长时间的争论。

在中国的封建社会，重农抑商有着悠久的历史，对商业的贬低和打压是各个王朝的长期政策。在诗词小说里，商人的固有形象就是"重利轻义"。

在欧洲，情况要好得多，欧洲文明主要是海洋文明。欧洲一直没有实现大一统，每个区域都是独立的小国家、城邦或贵族封地。资源有限，必须通过贸易互补资源，这样，商业就得到了极大的发展。进而，欧洲人可以开辟新的航路、开拓全球市场。

15世纪末的地理大发现给欧洲带来前所未有的商业繁荣，荷兰成了当时影响全球的商业帝国。创立于1609年的阿姆斯特丹股票交易所，当时就活跃着超过1 000名的股票经纪人。他们虽然还没有穿上红马甲，但是固定的交易席位已经出现了。那里成为当时整个欧洲最活跃的资本市场。到17世纪中叶，荷兰东印度公司已经拥有15 000个分支机构，贸易额占到全世界总贸易额的一半。荷兰之后，是影响更为深远的英美商业文明。

可以说，欧美文明就是建立在商业基础之上的文明，中国改革开放、学习西方，主要就是学习西方的市场经济。

因此，商业文明绝不是丑恶的、罪恶的，而是美好的、于人类有益的。

商业文明是怎么发挥作用的呢？这要回归到商业的核心来看。

商业的核心不是"金钱"，金钱其实是"货币投票权"。因此，商业的核心是"人"，是人的需求。尊重别人的需求就是尊重人性，商业文明就是契合尊重人性这一原则的文明，以人为本，看到普罗大众的需求，为人类创造价值。商业之美与人文之美，二者内在是高度一致的。

（四）哲科之美

哲学是人类对世界基本和普遍问题展开探索和研究而形成

的学科，是关于人类世界观的理论体系。哲学的研究是基于理性的思考，是寻求能做出经过审视的假设且不脱离信念或者只是纯粹的类推。

哲学之美，在于思考的乐趣。庄子、惠施"濠梁观鱼"的故事即是其中一例。惠施说："你又不是鱼，怎么知道鱼很快乐呢？"庄子说："你又不是我，怎么知道我不知道鱼儿很快乐呢？"

哲学之美，还在于智慧的提升。在物资匮乏的年代，战火不断，民不聊生，哲学会向政治探索发展，寻求在乱世中的立国之本、生存之道。比如，春秋战国时期，诸子百家纷纷著书立说。而在生活富足的年代，人们解决了基本的衣食住行问题后，思想世界获得了很大的发展空间，这时人们思考的哲学范围比较大，思维意识世界得到了极大丰富。人们细致入微地观察世界与自身的关系，进入意识、精神、自然等多种哲学领域，从而产生了多元形态的哲学。西方从古希腊到现代主义哲学，流派纷呈，探索的主旨也不断翻新。

在哲学的发展进程中，不断透过现象，归纳出内在的规律，人类的智慧也因此而不断提升。

与哲学相伴随的是科学技术。

科学是一个可检验的解释，是对客观事物的形式、组织等进行预测的有序的知识系统，是已经系统化和公式化了的知识。

现代科学通常被分为三个主要部分：自然科学（如生物学、化学和物理学等）、研究个人和社会的社会科学（如经济学、心理学和社会学等）以及研究抽象概念的形式科学（如逻辑、数学、计算机科学等）。另外，将现有科学知识用于工程和医学等实际目的的学科被称为应用科学。而通过应用科学理论知识，解决人类实际问题，便出现了技术。

科学与技术的发展迸发了独特的科技之美。

科技之美，首先在于提升人类的物质生活。工业革命以来的物理、化学和生物学的发展，现代的计算机科学的发展，都极大地丰富了人们的物质生活，让人类的生活变得更加便利。

科技之美，还在于拓展新的精神生活。比如，印刷机的出现、计算机科学的发展，都让人们更便捷地交流，你可以很容易地找到相同想法的人和不同想法的人，或相互赞赏，或相互激发。

（五）宗教之美

比哲科之美更高一个层次的，是宗教之美。

宗教是一种特殊的意识形态，它跟人类变化不定的心理和难以言说的心灵相关。

宗教之美，有紧贴实际的层面。比如，灭除苦恼不安，让人获得希望与安心；匡正世道人心，确立伦理道德，乃至发动社会反省、调整社会的舆论风潮等。

宗教之美,还有远离实际的层面。宗教让人想象死亡之后的世界,通过对死亡之后的世界的想象来改变人们对现实生活的感受。

佛教有西天净土、仙界、神界等想象世界,基督教有上帝、天堂、天使、地狱等想象的世界,其他宗教对死后的世界,大同小异。这些想象让人减少了对死亡的恐惧,增加了对现世作恶的恐惧,从而也让人在现世有了向善的动力。

宗教之美,在想象、在心灵,也着力于在现世中催人向善,构建更美好的现世生活。

以上五个方面,是我们在本宇宙世界可以直接获得的美学体系,但是人类对美学的探索并未止步于本宇宙,人类的触角开始探索浩瀚星辰,我们可以在很多星际科幻小说中看到人类基于本宇宙的美学系统所描绘出来的宇宙之美。

人类不止于本宇宙的另一个触角,因为技术的发展而延伸到元宇宙世界,在数字化的世界里,人类对于美学的探索第一次可以脱离物理限制,这时的"美"是否有所变化?甚至是否还存在呢?

二、元宇宙美学新世界

元宇宙时代,"四力"系统发生了前所未有的变化,技术手段更是让感知力、认知力、创造力、想象力"四力"合一。而"四力"系统的改变和融合,让本宇宙所定义的美学系统发生了必然的变化。

那么,元宇宙美学新世界是什么?

我们从一个人和元宇宙的关系,也就是我们每个人和元宇宙的关系这个层面来展开探索。我们认为元宇宙其实是一种新的力量,这种力量是人类为自己构建的一种基于数字文明和 AI 文明的全新的文明力量与美学力量。我们认为美学力量有以下四条线。

(一)第一条线是感知力美学

我们认为元宇宙能实现沉浸式的、全息的、高质量的、高效的交互。这个技术的发展,让人类终于有一天通过数字概念,能够全息、低延时、沉浸式、高质量、高效地交互。人类通过元宇宙实现了感知力系统的提升,就是因为感知力系统的升级,让我们本宇宙的、受限于我们身体的有限感知上升到接近于无限感知。

我们的六觉都是有限感知,由于这些有限感知的限制,我们并不能看得很远,也听不到一些声音,我们的感知甚至比很多动物弱。比如犬类的嗅黏膜表面有大量褶皱,面积约为人类的4倍,犬类约有20亿个嗅觉上皮细胞,而人类只有约4000万个,整体而言,犬类的嗅觉是人类嗅觉的1200倍左右。

而在元宇宙沉浸式全息高效、高质量的交互体系里,我们感知力系统的六感,在这里超越空间和时间而升级。简单地说,在元宇宙里,我们能感觉到我们会有超级感知出现,会感知到超越速度感、超越失重感的无限挑战感。

其实人类愿意去挑战,但在现实社会中挑战是有限的,我们每天有一点点挑战就可以了。但是未来这些超级感知会深度地出现在我们的身上,甚至会出现感知联想,就是通过感知进入一个联想的世界,实现感知创造。通过感知会产生一些新的创造物,会创造一些概念,出现感知共鸣。也就是说,可能在地球上不同地方的一群人会产生一些共鸣性的创造,进而产生感知社群。在元宇宙里,甚至在一个游戏里会产生一种感知社群,由此会出现感知力创造者。

感知力创造者,通过强感知力会产生一种新的创造力,所以感知力的系统升级是元宇宙世界对我们个体的最大的贡献。元宇宙世界出现虚拟和现实,对我们每个人甚至全人类最大的好处是什么?

对我们每个人而言，在于我们的感知力瞬间被放大，我们每天会得到充分的喜悦、充分的速度、无限的挑战；对全人类而言，在于人类终于能够超脱自己的简单身体感知，去体验一些交互感知，感知会通过数字交换产生交互体系，进而有了新的感知力美学。

（二）第二条线是认知力美学

这是个基于通证经济和治理体系的概念。我们认为，认知力系统会重构，我们给了一个概念叫重构而不是升级，因为认知力其实不容易升级，在元宇宙世界中它其实是个重构概念。在感知力体系升级的基础上认知力会进行重新构建，人类会在衣、食、住、行、意方面，甚至整个世界观都会被重构。回到我们个体，本宇宙的我们，穿衣服可能一天换一次或者几天换一次，而我们在元宇宙世界里，可以秒换衣服，可以换皮肤，衣服甚至都会智能地根据外界环境自己切换，还可以根据我们的需求，变换不同形态，我们可以进行超越人类形态的切换。

到那个时候我们会发现，整个认知体系已经不是我们今天意义上的认知，会出现具有概念的、数字化的、逻辑性的认知美学，我们称之为参数化主义的认知力美学。在这种参数化主义的认知力美学里，我们会有什么样的审美体验呢？比如，我们本宇宙定义的住宅是一个钢筋混凝土的空间，满足了我们物理机体的居住使用需求。但是到了元宇宙世界，我们可以运用流动性概念，来开展住宅的搭建，我们会更强调流动性，会更强调自己的意识与心灵的居住感，可以将元宇宙时代的居住空间理解为我们现在所常说的"心灵的港湾"。再比如，我们在本宇宙世界里的出行，是一个单纯的空间移动概念，简单地说，就是我们从 A 点移动到 B 点，但是在元宇宙时代，我们的出行可能不只是物理空间上的移动这么简单，我们可以进行意识形态的移动，真正实现像孙悟空的"灵魂出窍"——身未动，心已远。在元宇宙世界里，我们可以想象通过意识的空间移动来完成与好朋友的环球旅行。

这种认知力系统的重构，会给人类带来全新的认知力美学。这会给我们带来什么样的改变呢？我们认为，首先是如上文所说的生活方式的巨大改变。由于人类生活方式改变了，基于通证逻辑，人类在经济、文化等方面的认知方式都会发生改变。

（三）第三条线是创造力美学

元宇宙技术的发展有一条从 PGC 到 UGC 再到 AIGC 的发展线。这其实就很好地展现了第三条线，基于感知力系统的升级、认知力系统的重构，会出现创造力系统的涌现，人类不断探索与创造新事物，从无到有，这个过程本身就是一个展现美学的过程，体现了人类的创造力美学。

什么是创造力系统的涌现呢？在上文中我们所描绘的人类创造力系统涌现后的世界，是一个人人都可以成为创造者的世界。创造者成了价值高地。什么叫创造者价值高地呢？在本宇宙世界里，高地就是早期人类所认知的造物者，那是一个拥有上帝视角的创造者，是神创造了一切；再到后来由于私有制的产生，人类认知到了阶级和权力，于是统治者成为新的价值创造的高地；而元宇宙世界，每个人都可以根据自己的想法进行内容创造，优秀的内容创造会得到大家的喜爱和信服。这个时候我们的价值逻辑就会从底层发生改变，我们会由衷崇拜和尊重一个创造价值的创造者，所以创造者理所当然地成为新的价值高地。

因为无限创造力的产生，出现很多可能性：人会产生创造力，群体会产生创造力，此外，人工智能也能产生创造力。所以，创造力美学的生产者，既可以是个体创造者，也可以是群体创造者，还可以是数字 AI 创造者。

（四）第四条线是想象力美学

我们认为元宇宙时代是一个想象力经济的时代。人类从农业

元宇宙力

经济、工业经济到互联网经济，元宇宙的文明既是想象力经济的涌现，又是想象力经济的爆发，也是不限于物理系统大脑创造的一种想象力经济，与之相对应的是想象力美学。

在元宇宙世界中，想象力不再是人类所需要的相对能力，而会成为人类赖以生存的一个核心能力，人类通过想象力的爆发，构建属于自己的精神家园和物质家园。想象力之所以美，在于想象力的出现需要包含感知力、认知力、创造力，而想象力出现后所产生的作用，是能引导人类走向更好的未来，给人类带来未来的可能性，以及全新的感知力、认知力和创造力。

所以，我们认为元宇宙的美学新世界，有四个与元宇宙"四力"相关的美学支撑：感知力系统升级后的感知力美学、认知力系统重构后的认知力美学、创造力系统涌现后的创造力美学、想象力系统爆发后的想象力美学。而这"四力"之所以能成为美，是因为它们能让我们感受到极致的美。

感知力美学让我们打破对于美感体验的单一性，实现全方位的感知；

认知力美学让我们多元化地认知美学，在物理空间从一元、二元到多元；

创造力美学让我们真正地产生了新的创造价值之美的底层

元宇宙时代的美学系统——元力之美

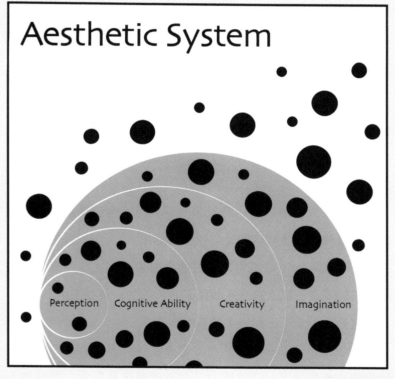

——致敬草间弥生

元宇宙力

逻辑；

想象力美学让我们可以靠想象力去构建一个基于物质逻辑的精神家园逻辑。

归纳一下,我们认为在元宇宙时代里,新世界的美学不只是艺术与技术结合这么简单,而是元宇宙"四力"迭代后的感知力美、认知力美、创造力美、想象力美四美合一的元力美学系统。元宇宙时代的美学拥有通感交互性、多元认知性、数字创造性、无限想象性。

那么,元宇宙新世界的美学标准是什么呢?什么样的东西才能被定义为"美"呢?

我们认为,基于上述对元宇宙新世界美学的描述,便不难理解,最核心的评判标准是"想象力的投入"。如果我们创造出来的东西,融入了想象力,用最适合的表现形式,最充分地展现我们的观点,那么这个东西便是有价值的,便是美的。

这是一个千人千面皆美的新时代美学。

总之,元宇宙时代必然会带来美学新世界,而这个美学新世界的核心是人类对于"四力"的不断追求和探索,以促进人类与周遭一切向更好的方向发展和前进的元力之美。

第二章 元宇宙技术之美

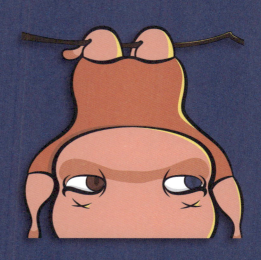

元宇宙是创作者驱动的，区块链是开发者驱动的，互联网是消费者驱动的。

元宇宙科技之美，即在科技沃土上，想象力、创造力怒放的美好大时代。这个大时代下的美学新世界，将因为科技界一次次的突飞猛进而重构和升华。

从前面关于元宇宙的三个世界论述可知，元宇宙是虚拟与现实的融合。技术之美是元宇宙新美学世界构建的重要组成部分。技术是客观的、逻辑的、严谨的，想必我们能用来描绘技术的词汇，都是与理性密切相关的。"美"，一个如此感性、主观、形而上的字眼，如何与"技术"相关联？换句话说，如此理性的"技术"何以谓之美？

我想到曾经看过的一档节目——中央电视台科教频道播放的《科技之光》，每集节目都有不同的科普知识，从中可以了解到人类是如何进行科技创造，又是如何运用科技改善生活的。我突然认识到，当冷冰冰的科学技术，从人类的视角出发，以改变人类的生存场景为目标，以人类的创造力去探索，最终回归到服务全人类，并提高了全人类与外界环境和谐共生的体验的时候，"技术之美"犹如"科技之光"，是人类文明向前推演的光，更是人类感知力、认知力、创造力、想象力综合展现的美。

美是什么？古人说，羊大为美，本质上是大为美、丰足为美，这既是"美"这个字的由来，也是古人对美的最原始的解读。如果古人见识到科技的威力和魅力，"美"这个字的上半部分就一定是科技，因为科技让原本的一切更具有充分之美。

科技发展有不同的历史时期：有单纯科学发展的时期（古希腊），有单纯技术发展的时期（中国古代），有基于科学发展技术的时期（工业革命时期），也有科学和技术交织发展的时期（当代）。

伽利略说："给我空间、时间和对数，我就可以创造一个宇宙。"

德国科学家萨宾·霍森菲尔德说："给我十千克伪真空，我就可以创造一个新宇宙。"

今天，我们可以说：给我 BIGANT，我就可以建设一个元宇宙。

  未来 10 年，每个人都可以说：给我计算机、引擎和 XR，我就可以用想象力创造一个又一个美丽的元宇宙。

― 第一节 ―

数字与数学之美

一、人类的史诗级数字化大迁徙

7万年前,智人进化出虚构的能力之后,人类就一直在通过这种最梦幻的能力,去追求更强大、更高效的工具以改造世界。这样的工具,历经了石头、农牧、金属、火药、机械、电子等若干种类。最后,人类发现,科技才是一切工具的工具,而数学又是一切科技的工具,只要把一切都数字化,就能最高效地使用数学这个终极强大的工具!于是,人类踏上了一条数字化大迁徙的梦想之路。

1672—1676年,德国人莱布尼茨发明了二进制,那是人类开始数字化迁徙最早的起点。但直到1936年,香农才将这个数字化迁徙的历程向前推进了一步,即逻辑电路。1945年,冯·诺伊曼教授提出的冯·诺伊曼架构成为通用计算机的典范，这是人类数字化迁徙的里程碑式节点。从此，计算机的大发展使人类的数字化真正迈开了步伐。

这个早期阶段的数字化迁徙之美，美在七万年以来，智人第一次把自然界的模拟信号转换成数字信号，为数字信号后续加工处理留下了广阔的空间。相当于把自然美和理性美都变成了可以高效传输、存储、加工、运算、智能的数字化美。这个阶段最突出的关键词是：上机。

1994年，时任美国麻省理工学院（MIT）媒体实验室主任的尼葛洛庞蒂的《数字化生存》一书，是人类社会数字化迁徙进入新阶段的重要信号，其关键驱动因素是1994年克林顿宣布互联网的商用化。

在此之前的人类数字化迁徙，可以称作早期阶段，基本都是孤立或局部的数字化，没有真正实现跨区域的数字化连接。从1994年到2020年，人类的数字化迁徙进入全球化阶段，是伴随着互联网的发展，以及全球商业体系的产业链全球化分工而发展壮大的。

这个阶段的数字化迁徙之美，美在全球化、智能化。基本实现了全球范围内信息和数据的互联互通，同时，由于算力、AI、4G、5G的大发展，图形图像和视频的传输与处理能力得到很大的提升。区块链技术的出现，更是为从信息互联升级到价值互联提供了最重要的技术基础。这个阶段最突出的关键词是：上网。

2021年被称为元宇宙元年，人类将从二维化的互联网世界迈向三维化的数字世界、从三维的物理世界走向三维的虚实融合的新世界。在这样的元宇宙虚实世界里，国界模糊了，时空模糊了，真正的全球化即将开始。这是人类数字化大迁徙中最具史诗意义的阶段，人类将最大限度摆脱肉身的制约，实现眼、耳、鼻、舌、身、意（心）六感跨越地理空间的数字化无限延伸。

数字化迁徙遵循的是摩尔定律、网络效应、零边际成本、指数级增长。它组织商业资源、创造经济价值、增加社会福利的效率极高，但成本极低。

过去10年，有四大数字化迁徙工具日趋成熟：一是互联网和物联网。互联网和物联网解决了大规模、高效率、低成本收集海量数据的问题。二是区块链。区块链的分布式数据库、分布式总账，解决了大规模、高效率、低成本信任海量数据的问题。三是云计算。云计算解决了大规模、高效率、低成本存储和计算海量数据的问题。四是人工智能。人工智能解决了大规模、高效率、低成本使用海量数据的问题。

不久的将来，个人数据、机构数据、机器数据都将进入数据要素市场，通过数据的互换、共享和交易，人类将创造出更加伟大的社会智能和人类智能！未来 10 年、20 年，因为史诗般的数字大迁徙，基于数据驱动的元宇宙文明，将会是一个波澜壮阔的历史大进程。

想想完成数字化大迁徙的我们，在这样虚实融合的元宇宙世界里，一天可以去 10 个不同国家谈客户，一天逛 10 处不同地域的风景名胜，不同数字分身还可以让自己每天过 10 种不同的人生，另外借助各种智能化引擎，可以尽情发挥想象力创作出大师般水准的服装、建筑、家具、诗歌、音乐、绘画等。

二、数学如花、科技在野

技术源于科学，科学源于数学。数学是用来书写宇宙的文字，计算机桌面上大家看到的是文本、数据和图像，看不到的是背后计算机和网络上的一个个算法和离散数学。

毕达哥拉斯说："上帝使用数学创造了这个世界。"

世间万物皆数学。不仅科学是数学，音乐、美术、文学、哲学，甚至语言，也都是数学，本质上都是可以用公式和算法来呈现的。

数学之美

1913年，苏联数学家马尔可夫采用概率论研究了《欧根·奥涅金》中的俄语元音和辅音字母序列的生成问题，提出了马尔可夫随机过程论，后来成了数学的一个独立分支，对现代数学产生了深远影响。《欧根·奥涅金》是普希金的长篇叙事诗，讲的是一个哀婉的爱情故事，而马尔可夫独具慧眼，发现了隐藏在字里行间的数学规律。

1935年，美国语言学家齐夫提出了齐夫定律，用数学方法描述频率词典中单词的序号与频率的分布规律。1948年，美国科学家香农以离散马尔可夫过程的概率模型作为描述语言的自动机。计算机科学家巴库斯和瑙尔等在描述ALGOL程序语言的工作中，分别于1959年和1960年独立地提出了巴库斯－瑙尔范式。这些研究把数学、计算机科学与语言学巧妙地结合起来,为学者们采用数学方法揭示语言的数学面貌提供了极大的帮助。在语言学中出现了数理语言学、计量语言学等广泛采用数学方法的新兴学科。

从 2007 年开始,循环神经网络、长短时记忆、卷积神经网络等深度学习的数学方法被广泛采用。深度学习比统计方法更胜一筹,取得了振奋人心的成绩。自然语言处理的研究离开数学几乎寸步难行了。

数学表达了一种探索精神。人类总有一个信念:宇宙是有秩序的。数学家更进一步相信,这个秩序是可以用数学表达的,人应该去探索这种深层的、内在的秩序。

著名英国数学家德·摩根说:数学发明创造的动力不是推理,而是想象力的发挥!

华罗庚说:宇宙之大,粒子之微,火箭之速,化工之巧,地球之变,生物之谜,日用之繁,无处不用数学……

如果地球的灵魂是生物,那生物学之下呢?

所有生命体都是由一个或多个细胞组成,而组成细胞的基本分子又是由化学决定的,所以生物学之下就是化学。

那化学的底层结构又是什么呢?

答案是:物理学。

几何之美

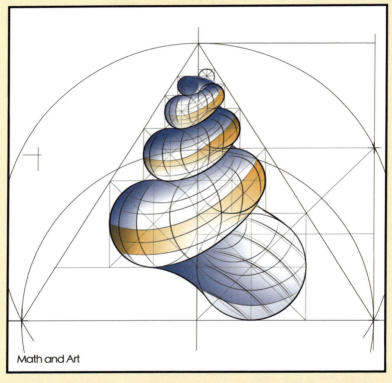

——致敬拉菲尔·阿鲁尤

物理学之下呢？

物理学最基本的是：夸克。而夸克又可以分为上夸克和下夸克，其中上夸克是由 2/3 个电荷、1/3 个单位的重子数、1/2 个自旋和 1/2 个同位旋组成，再加上一些质量。

那物理学之下的究竟是什么呢？

答案是：数学。

那数学之下呢？

没有了，数学就是最基础的了。

麦克斯韦方程式，看起来很简单，可是等到你领教了它的威力之后，就会心生敬畏。因为无论是像星云那样的大空间，还是像基本粒子内部那样的小空间；无论是漫长的时间，还是短短的一瞬，都受这几个方程式控制。这是一种大美。

数学起源于建筑，正是对美的追求，推动了数学的诞生。公元 5 世纪著名数学评论家普洛克拉斯断言："哪里有数，哪里就有美。"美国数学家、控制论的创始人维纳则说："数学实际上是艺术的一种。"

毕达哥拉斯更是从铁匠日常的打铁声中，透过和声振荡的魔圈，发现了"音乐宇宙"（Musica Universalis）中音响振荡的比例和规律。庄子也从"庖丁解牛"中认识到了自由美学和科学逻辑的奇妙联系。

元宇宙力

罗素说:"数学,如果正确地看它,不但拥有真理,而且有至高的美,这是一种庄重而严格的美,正如雕塑的美,是一种冷而严肃的美。这种美不是投合于我们天性中的脆弱的方面,而是纯净到了崇高的地步。"

数学本身就是对美的一种规定,是自然的、艺术的、统一的。

科学和艺术看似两样东西,但它们背后的逻辑其实惊人的一致:好奇心、想象力和独立思考的能力。科学求真,艺术求美,但宇宙的真理同时是天地之大美,反之亦然。所以,在人类历史上,才有达·芬奇、培根、罗素这样的通才,同时在科学和艺术领域做出惊人的贡献。

和创造一个有魅力的艺术作品一样,数学模型也是一种创造,而且是必须符合美学原则的创造。数学模型之美,就表现在它所揭示的客观规律的科学性和合理性,表现在它的简洁之美、抽象之美、对称之美、奇异之美、统一之美,表现在建立这个数学模型的过程之中。

我们可以用"数学模型如诗,数学模型如画"来形容数学模型的简洁之美。一首诗,是用最少的语汇来表达天、地、人之间最丰富的思想和感情。一幅画,是在有限的画面上展现最多的情感和事物。

庞加莱在《科学方法》一书中这样阐明了他的美学思想:

黄金比例之美

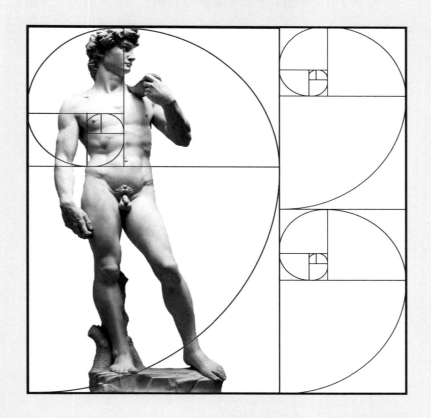

"数学的美感、数和形的和谐感、几何学的雅致感是一切真正的数学家都知道的真实的审美感。缺乏这种审美感的人永远不会成为真正的创造者。"

数学中的美千姿百态、丰富多彩，如美的形式符号、美的公式、美的曲线、美的曲面、美的证明、美的方法、美的理论等。从内容来说，数学美可分为结构美、语言美与方法美；就形式而论，数学美可分为外在的形态美和内在的理性美。把内容和形式结合起来考察，数学美的特征主要有两个：一个是和谐性，另一个是奇异性。

有一种艺术叫"分形艺术"，能够通过分形理论和计算机软件，把数学方程式转化为精美绝伦的艺术图画。这一艺术创作方式搭起了数学与艺术的桥梁。分形艺术作品除了体现传统美学的标准，如平衡、和谐、对称等之外，还有超越这些标准的表现，如内在的自相似性、无限精细的嵌套结构等。分形使得严肃的数学浪漫起来，以多姿多彩的、美妙绝伦的画面走进人们的生活。其丰富优美的图形在产品设计、建筑外墙装饰、艺术墙纸、包装设计、园林设计中都有广泛的应用。各种结构新颖、造型独特的分形图形，把数学模型带进人们的生活，让人们可以切身感受到数学模型之美。

基本上所有的鲜花都遵循黄金比例法则：百合花有3个花

瓣；金凤花有 5 个花瓣；菊苣有 21 个花瓣；雏菊有 34 个花瓣……每个花瓣严格按照 0.618 034 的黄金比例来生长，才能保证其最大限度地暴露在阳光下，享受阳光与雨露。

美是自然的最大的秘密，是宇宙万物的精髓。数学模型之美恰恰是对客观规律的一种折射，是数学的思想和精神之美，是人类创造性活动的展示，是对世界之美的表达。

苏格拉底说，在人类的所有知识体系中，从来没有一种智慧之美，比数学公式更加简洁明了。万物易朽，唯有公式永恒；大道至简，数是最美语言。

公式之美

The Four Forces
Of The Metaverse

── 第二节 ──

科技之美

科学如花,技术在野。

科技,即科学+技术。

科学美来源于自然美,科学定理、理论、学说,都是自然规律的反映和概括,科学美不仅是自然美的一种反映,还通过人类思维加工、整理、升华,成为一种理性的美、智慧的美。

科学家彭加勒曾说:"科学家研究自然界是因为它的美激起了科学家的热爱之情,这才产生了科学活动和整个人类生活。如果自然界不美,也就不会有科学活动。如果自然界不美,就不值得去了解,生命也就没有存在的价值。"

什么能以精确的定位围绕地球飞行半圈?是北极燕鸥。什么能以 90% 的效率将太阳光中的能量转化为电能?是树叶。DNA 复制的差错率大约只有十亿分之一,相当于一个抄书员抄写了 280 遍《圣经》,只犯了一个错误。

科学之美的主体成分是理性美,由历代科学家精雕细刻的科学大厦,称得上是一座辉煌壮丽的殿堂,它集各种形式美与内容美于一体,不仅向人们提供了对物质世界规律性的认识,同时也把一种令人心旷神怡的美景奉献给了人类。

任何一门科学理论都符合和谐、奇异、简洁、统一、守恒等美学标准,它的建立和发展过程都是追求美的过程,这就是科学之美。

科学美最主要的特征是简约美、对称美、有序美。

牛顿曾说过:"自然界喜欢简单而不爱以什么多余的原因来夸耀自己。"爱因斯坦也认为,"一切科学的伟大目标,即要从尽可能少的假说或公理出发,通过逻辑的演绎,概括尽可能多的实验事实"。

DNA 双螺旋结构离不开对称;牛顿的绝对时间和绝对空间都有高度对称性;麦克斯韦的电磁理论是电现象与磁现象的对称。苏联物理学家米格达尔说:"科学的美在于它逻辑结构的合理匀称和相互联系的丰富多彩。"

太阳光透过棱镜形成的连续光谱,晶液凝固形式的空间点阵,太阳与行星的轨道排列,原子内电子的壳层分布,都体现出了外形排列的有序性。有序美最光辉的例子非门捷列夫的元

DNA 双螺旋结构之美

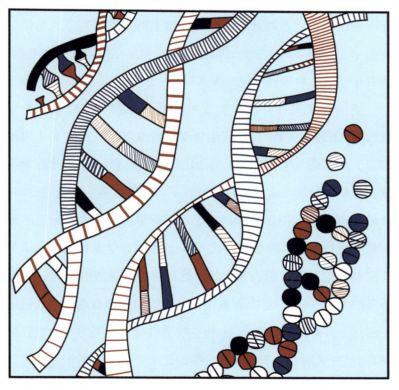

——致敬让·杜布菲

素周期表莫属了。门捷列夫把不同数目的质子和中子结合成各种元素，按照质子数的多少和化学元素的周期性进行有序的排列，列出了一张表格。而表格上的某处缺陷则启示人们去发现以使其更完美。

音乐是建立在振动和传声的基础上的；美术和建筑是建立在数学、物理基础之上的；摄影摄像是建立在光学基础之上的；体育是建立在物理和生理学等基础之上的……

英国数学家和哲学家罗素可从欧几里得《几何原本》中"读出音乐般的美妙"；德国生物学家海克尔可从达尔文《物种起源》中"见出生物世界无与伦比的统一之美"；英国物理学家狄拉克从"数学形式的美"中发现了"物理世界的真"；而划时代的物理大师、相对论的创立者爱因斯坦从实验大师迈克尔逊那里感受到了"实验本身的优美"；法国物理学家德布罗意认为广义相对论对万有引力现象的"这种解释的雅致和美丽是无可争辩的"；德国物理学家海森堡觉得爱因斯坦"有点像艺术领域中的达·芬奇或者贝多芬"；傅立叶的理论被赞美为"一首数学的诗"；麦克斯韦关于气体动力学的论文更被人们当作"一幕优美的音乐演出"来欣赏；海森堡则称他的矩阵理论使他透过原子现象的表面能"窥测到一个异常美丽的内部"。杨振宁教授对科学美的感悟是："物理学大师们小心翼翼地揭示出壮丽的自然本质之美时的感受，大约像构建哥特式教堂的建筑大师对那种崇高美、灵魂美、宗教美、最终极的美的虔诚歌颂。"

艺术之美的背后蕴含着深刻的科学道理，没有哪一门艺术是独立于科学之外的，科学是支撑艺术的基石。

画家吴冠中说，科学揭示宇宙的奥秘，艺术揭示情感的奥秘。爱因斯坦说，真正的科学和真正的音乐需要同样的思维过程。艺术与科学的关系曾经是非常密切的，德国哲学家斯宾格勒曾经说，他从精确优美的古希腊雕塑中似乎看到了毕达哥拉斯、欧几里得；从西方乐曲旋律中似乎看到了笛卡儿、牛顿、莱布尼茨、欧拉和高斯。"艺术是情感化的科学，科学则是精确化的艺术。"

李政道先生说："艺术（诗歌、绘画、音乐等）用创新的手法去唤醒每个人的意识或潜意识中深藏着的已存在的情感。情感越珍贵，反应越普遍，艺术越优秀。科学（天文、物理、生化等）是对自然界的现象进行新的、准确的抽象。科学家抽象的叙述越简单、推测的结论越准确、应用越广泛，科学创造就越深刻。科学与艺术的共同基础是人类的创造，它们追求的目标都是真理的普遍性。它们像一枚硬币的两面，是不可分割的。"

科学与艺术都需要灵感，科学的灵感是科学直觉，艺术的灵感是艺术直觉。

元宇宙力

正是古往今来那些拥有卓越感知力、认知力、创造力和想象力的科学家和工程师，把元宇宙所需的各项科学与技术不断迭代发展，2021年的今天我们才能站在元宇宙的门口，畅想元宇宙的如花世界。

不断发展的元宇宙，又将持续反哺科学家和工程师们的四力，创造出越来越美的元宇宙科技。科学如花、技术在野的元宇宙，永续升级我们的感知力，重构我们的认知力，涌现我们的创造力，爆发我们的想象力。

不只是数学方面的黄金分割、天文学方面的宏观宇宙、物理学方面的微观世界、生物学方面的物种百态才能叫作美，对知识的领悟、对真理的追求、对科技的幻想，本身也是一种美，恰如此刻正在阅读本书的你。

— 第三节 —

元宇宙六大技术之美

一、超越"美第奇效应"的 BIGANT 之美

脱离技术谈元宇宙，就跟脱离企业实际资源禀赋去谈发展战略一样不靠谱。脱离技术谈元宇宙，那是属于科幻迷们的狂欢，而我们要谈的是科技而不是科幻。

支撑元宇宙建设与发展的共有六大科技，有些技术还有待相关科学领域的突破。我们把这六大技术支柱的英文首字母缩写成了 BIGANT，趣称"大蚂蚁"，你可以想象这是来自元宇宙的超级大蚂蚁。蚂蚁是非常有意思的动物，单只蚂蚁的智商很低，但一大群蚂蚁构成的小社会具有很高的智慧：它们可以调节温度，可以建构出复杂的蚁穴结构，可以管理真菌农场，可以照管蚜虫牧场，还可以组建分工复杂的军队，运用多种战略

战术协同作战。成员数量越多,蚂蚁的群体智慧往往就越高。

美第奇家族是意大利佛罗伦萨的银行世家,15世纪曾出资帮助在各种学科、众多领域里锐意创造的人。由于这个家族以及几个有着相似背景的其他家族的鼎力资助,雕塑家、科学家、诗人、哲学家、金融家、画家、建筑家齐集佛罗伦萨。在这所城市里,他们互相了解,彼此学习,从而打破了不同学科、不同文化之间的壁垒。他们用新的思想,开创了人类历史上新的思想纪元,这便是后来被称为"文艺复兴"的那个时代。该城也成为创造力的爆炸中心,这一时期也是最具有创造力的历史时期之一。

后人把美第奇家族推动的这种创造力繁荣称为"美第奇效应"(Medici Effect)。

当我们的思想立足于不同领域、不同学科、不同文化的交叉点上,就可以将现有的各种概念联系在一起,组成大量不同凡响的新想法。

上述六大技术领域的BIGANT大集成,形成的量变到质变,支撑起元宇宙如此宏大的时代变革,对人类社会影响范围之广、之深、之长远已远远超过了美第奇效应。

人类历史上有过六大文明,分别是:古埃及文明、苏美尔文明、印度河文明、克里特文明、中华文明、奥尔梅克文明。

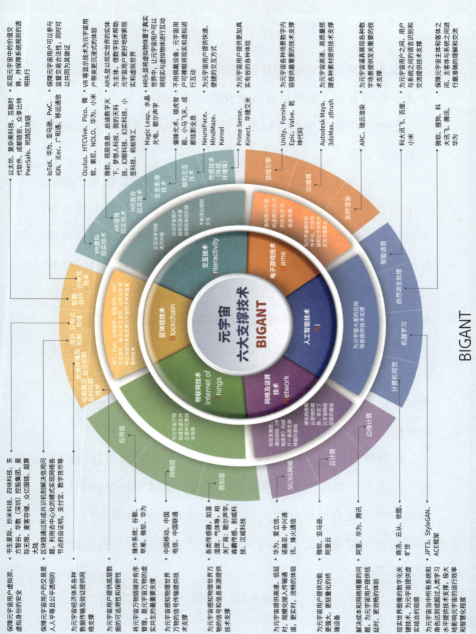

专家学者对几大文明的衡量标准不一，共识度较高的是按生产方式、生活方式、制度秩序及文化共性来判别。

参照这样的文明判别标准，称元宇宙为人类第七大文明应该是绰绰有余了。

在生产方式上，将来人类的生产行为几乎都是在元宇宙的三个世界中完成的。首先在元宇宙第一个世界中设计和仿真新产品，其次在元宇宙第二个世界中组织供应链和渠道链，最后在元宇宙第三个世界中由工业和产业元宇宙完成物理化制造和交付。人类的主要工作将是进行数字化内容的生产，而物理世界的苦活、累活、脏活和重复性的活都将由机器和机器人完成。

在生活方式上，在元宇宙时代，因为3D沉浸式交互技术的进步，人类将第一次实现工作地和居住地的普遍化分离，人类城镇化的形态和结构都将发生巨大的变化。"天涯若比邻"将从理想走进每个人的现实生活。

在制度秩序上，各种去中心化的自治组织将成为社会的主流。人类几千年来由大量中介组织形成的低效率社会体系，将被区块链智能合约形式的高效率数字化社会体系所取代。400多年的公司制和"二战"后形成的现代金融体系也将被DAO和DeFi取代。

在文化上，人类主要由血缘、基因、民族、地理位置、国

第二章 元宇宙技术之美

家形成的文化,将被超越上述因素的各种各样的 DAO 文化所取代。交互技术的发展,使每个人的六感因为数字世界的存在而无限延伸,共识建立的速度和牢固度将在文化形成中占越来越高的权重。

除了上面所述的对这四大文明标准的巨大影响之外,元宇宙还带来一系列以前没有的巨大机遇与挑战,比如:

- 在跨越恐怖谷的强 AI 机器人出现之前,数字人就已经全面崛起并渗透到人类工作生活的方方面面。智能化程度越来越高的数字人将重构人类的家庭伦理和社会伦理。围绕数字人产生的各种隐私权、主体权、法律权责将带来全新的机遇与挑战。
- 经 AI、算力、基因编辑、复合基材料强化的新人类与传统人类的关系问题。
- 超级 AI 与国家和人类之间的关系问题。
- 人类意识上载云端实现后,意识将与躯体分离,那该如何重新定义人类?

BIGANT 六大技术推动的元宇宙时代和元宇宙文明,将极大释放和激发人类的想象力和创造力,重构人类的认知力和感知力。那些只有在童话和神话故事里才会出现的超强能力，在元宇宙时代每个人都可能轻松拥有。比如，你想瞬间到达地球上任一地点去旅游或会友，或是建起一幢梦想中的童话城堡，抑或想跟历史上的名人面对面对话，这一切只要你戴上 XR 眼镜就行了。

二、BIGANT 之一：区块链技术之美

区块链是支撑元宇宙经济与治理体系最重要的基础设施。区块链技术的重点不在于去中心化，而在于分布式。去中心化也不是目的而是过程，很多时候去掉的是原来中心化的形式和结构，换上了更高效的智能合约性的中心化。毕竟，就连去中心化的宇宙也是由无数中心化的星系构成的。

区块链技术之美，美在会对现有的社会关系、商业文明、企业组织形式、商业模式等做出一系列颠覆性的、更好的改变。

2008 年 11 月 1 日，金融危机爆发后不久，中本聪发表了《比特币：一种点对点的电子现金系统》的白皮书，开启了去中心化的区块链时代，为人类的经济与治理体系大升级拉开了帷幕。5 年后的 2013 年末，以太坊创始人 V 神发布了《下一代加密货币与去中心化应用平台》以太坊初版白皮书，真正开启了

区块链技术三生万物的创世探索。不过,当前区块链技术仍处于早期发展阶段,其性能、交易成本、安全性、跨链技术、分布式存储、交易成本等诸多问题有待技术创新去解决。

(一)区块链技术第一美:良币驱逐劣币的信任机器之美

几乎每个人都兼有天使和魔鬼两副面孔。人类社会诞生以来,长期存在着劣币驱逐良币的不良现象。而区块链技术的普及将在很大程度上改变这一切:它不可篡改的分布式账本将有效约束人性的魔鬼面,它基于Token的激励机制结合智能合约将有效激发人性的天使面,好行为、好作品、好设计会获得更多的正向激励。所以我们把这个区块链技术第一美,称为万美之美。

本书第一章介绍了元宇宙力之美,其中在第一节讲到元宇宙发展的第三条主线时提到,现代社会其实是一套效率比较低下的体系。原因是各交易主体之间的信任成本很高,所以需要非常多的中介机构、中间环节帮助交易几方建立信任、建立可以交易的共识。

这种普遍互不信任的状况,又源于人类社会几千年来更为普遍的一种不良现象:劣币驱逐良币。社会上大量缺乏诚信的、善于坑蒙拐骗的人和机构,赚取了很多的商业利益和政治利益。

社会信息传递上的割裂、迟钝、篡改以及信息的严重不对称，是劣币驱逐良币现象长期普遍存在又很难解决的关键原因，用一句话总结就是个人和机构的信用积分体系缺失和可篡改造成了这一现状。

信息传递割裂、传递迟钝的问题将由人类社会的全面数字化来解决；信用积分体系缺失、信息篡改、信息不对称的问题将会被区块链相关技术解决。届时，由于每个人的行为都将被自动记入个人和机构的区块链信用积分体系，任何人都不可篡改。因此，不诚信的代价会变得越来越高，劣币不但会改变自己的不良行为，还会进行自我改造逐渐成为良币。这样，全社会好人好事会越来越多，不良行为将越来越少。

区块链的本质是信任机器。区块链技术用一套数学方法帮助你建立信任，用分布式的程序和算法替代对可信第三方的依赖，把人类几千年基于间接信任的商业模式和社会管理模式，变成基于直接信任的商业模式，从而把信任成本降到最低、信任效率提到最高。

（二）区块链技术第二美：NFT 之美

NFT 之美，不在于作品或资产本身，而在于它形成了让社会涌现更多好作品、好资产的良性机制和良性文化。更多有才华的人更愿意加入创作好作品、好资产的队伍中，而且他们可以更专注创作本身，而不是被迫把精力消耗在维权和后续利益的纠纷中。智能合约与 NFT 的结合，让创作者、分销者、使用者、传播者、投资者和谐共处、美美与共。

NFT，全称为 Non-Fungible Token，指非同质化代币。它除具有可验证性、唯一性、不可分割性和可追踪性之外，还具有可编程性、可组合性、可交互性的特征。创作者可以将任何东西制作成 NFT，包括艺术品、动图、视频剪辑、表情包、音乐和数字交易卡等。

在没有 NFT 和智能合约之前，社会常常对创作者很不公平，原因主要有二：一是确权环节的复杂、高成本和不确定性；二是后续激励环节的不可控，导致知识产权保护费时费力还效率低下，很大程度上挫伤了创作者的热情。这是劣币驱逐良币在设计和文创领域的又一例证。

NFT 本质上是效率极高、成本极低的确权工具（交易成本目前偏高），确定数字作品、数字行为、数字资产的所有权，与智能合约结合后，将具有广阔的创新与想象空间。我们知道，元宇宙将开启创作者经济时代，而支撑创作者经济的最重要的两条腿，一条是各种垂直引擎支撑的 UGC 和 AIGC 平台，另一条就是 NFT 与智能合约结合后基于 Token 的激励闭环。

(三)区块链技术第三美:智能合约之美

智能合约之美,秉承了代码即法律的区块链精神和契约精神。

智能合约是一种无须中介、自我验证、自动执行合约条款的计算机交易协议,其基础是区块链网络。

现代社会是契约社会,无谓的人情债少了很多,但履行纸质契约时有大量的人为因素,并由此产生了很多不必要的烦恼,消耗着契约中的每一方。

区块链智能合约的出现,尤其与 NFT 的结合,让世人有了三生万物的感觉。可编程智能合约与可编程 NFT 结合后,会让大量冗余的中间环节消失。合约的不同条款,可以自动触发不同的数字化流程,比如扣款、警告、物流联动、拍卖联动、自动分账、市值联动、法院联动等。

不过,智能合约的全面应用,是建立在社会高度数字化、区块链化的基础之上的。元宇宙的到来,将大大加速这个过程。

(四)区块链技术第四美:DAO 之美

DAO 之美,不在于有没有中心,而在于根据不同目的设置的组织,形成不同的兼具广泛性与代表性、链上治理与链下治理相结合的高效率共识机制。

在区块链上,人们把分布式自治组织称为"DAO",指的是无中心控制机制的、去第三方中介服务的，以点对点、端到端方式来运行的组织。

DAO体现的是大家共建、共创、共治、共享。DAO有几大特征：信息透明、通证激励、代码开源、社区自治、参与者拥有对组织的所有权、自由开放。和公司最大的区别在于，DAO组织并不通过法律与合同组织在一起，处于不同司法辖区的用户甚至人工智能都能组成DAO。

农牧时代的低生产力需要的是部落村落的组织形式，工业时代的中生产力需要的是公私股份公司和合伙企业的组织形式，在高度数字化智能化的元宇宙时代，由于AI、各种引擎和智能设备的大发展，需要全新的高效组织形式支撑，DAO应运而生。

比特币区块链上每秒都发生着全球化的点对点交易、支付和汇兑，这个网络没有任何的股东、董事会、管理层、员工，也没有营业地点、办公地点、资金或任何资产，没有出现过一笔错账，整个系统也没有出现过一秒的宕机。在这个系统上，可以自动发行数字货币作为激励，并结合以博弈论为理论基础的共识算法构建了一套新的治理机制。人们为比特币区块链付出劳动，就能获得比特币，这是自我循环的激励机制，无须管理层决定人们该获得多少奖金，一切都是系统自动发放的。

DAO+DeFi+智能合约，将创造一种全新的创业与风投范式，这也是 2021 年底红杉资本修改 Twitter 上公司简介要 All in Crypto 的原因。当然，这也会给传统的金融资本市场带来巨大的冲击。

当前，DAO 还处于早期的发展阶段，大部分的 DAO 极其简陋，很多都是非常简单地基于你拥有的 Token 数量决定投票权，在很多情况下，这样设计是不合理的。另外一点，大部分 DAO 系统、智能合约系统基本上都是以钱包地址作为系统内唯一的识别途径，它识别用户或者识别你的唯一途径就是钱包地址，现阶段对它发起攻击非常容易。

不过，DAO 未来可期，在中心化与去中心化之间有无数的中间治理模式，都是 DAO 可以发挥想象力的所在。

"交换"是本宇宙人类社会中常见行为，在元宇宙的世界同样需要交换机制和经济体系。

区块链技术则是支撑元宇宙经济体系最重要的技术，为元宇宙交易提供了技术可行性和保障。数据传播以及验证机制为元宇宙世界的经济体系的各种数据传输和验证提供了网络支撑，还通过哈希算法和时间戳技术为元宇宙用户底层数据的可追溯性和保密性提供了保障。此外，需要书面的技术支撑交易实现，智能合约技术就为元宇宙的价值交换提供了相对透明的合约原则，至此元宇宙的价值交换便可完成，但是还需要相关的保障体系来支撑交易的闭环性，于是通过分布式账本技术使元宇宙用户参与监督，通过分布式储存技术实现元宇宙用户虚拟资产和虚拟身份的安全保护，最后再通过共识机制，使元宇宙用户的交易公平透明，公开公正。

如花世界在元宇宙六大技术的支撑下得以实现，我也能通过如花实现虚拟与现实的共生。

三、BIGANT 之二：交互技术之美

交互技术之美，美在我们终于可以走出二向箔化的互联网世界，摆脱键盘鼠标的原始交互工具，回归人类本身的美好六感。借助交互技术，在元宇宙里的我们将真正做到足不出"户"尽感一切。

交互技术分为眼、耳、鼻、舌、身、意（心）六个维度，每个维度又分为输出技术和输入技术。包括视觉、听觉、嗅觉、味觉、触觉、意识以及集大成的脑机接口等。

这是虫洞科技突破之前，距离问题的最佳解决方案，最终将实现人类六感的无限延伸，你的眼即是我的眼，我的身即是你的身！只要双方愿意，你就可以将你此时此刻眼睛看到的、耳朵听到的、鼻子闻到的、舌头尝到的、身体感受到的、意识

到的所有生物电信号几乎一模一样地、实时地传递给地球上你想传递的任何一个人！彻底摆脱人类肉身在空间距离上的制约。

1. 眼：视觉交互技术，就是大家相对熟悉的 AR/VR/MR、裸眼 3D、全息技术、视网膜成像等。想要达到肉眼无法分辨的沉浸感 3D 视觉还有多远的路要走呢？给大家简单分析一下：人双眼的分辨率为 16 K，这是没有窗纱效应的沉浸感起点。如果想要流畅平滑真实的图像还需要 120 Hz（赫兹）以上的刷新率，即使在颜色范围都相当有限的情况下，1 秒的数据量也高达 15 GB。目前包括 Oculus Quest 2 在内的大部分产品只支持到双眼 4 K，刷新率从 90 Hz 到 120 Hz。所以单就显示技术而言 3 年内达成目标的可能性不大，此外，还有很多技术问题需要解决，比如空间感知、动作捕捉、面部捕捉、眼球捕捉、SLAM（同位定位与建图）、头部 MTP（媒体传输协议）时延、操作响应时延、肢体 MTP 时延的改善，这些需要传感器、算法算力、引擎、操作系统、显示等协同改善，复杂场景、高精度、3D、高分辨率下的时延和渲染问题更为突出。3 年之内很难出现这种算力水平的 SoC（系统级芯片），也许需要 5 年的时间，甚至更久。

2. 耳：语音交互技术。其难度比视觉交互技术要小很多，目前主要受限于芯片算力。结合云计算边缘计算 AI 的新型智能耳机，既可独立于 XR 眼镜又能与智能眼镜协同工作，还可以集成需要紧贴肌肤的心电检测、脑电检测和肌电检测设备。这将会成为元宇宙的又一重要入口。

3. 鼻和舌：嗅觉与味觉交互技术。目前研究这两项技术的公司相对要少得多，不过随着元宇宙热度的加大，相信会有越来越多的产品和解决方案出现。

4. 身：包括触感、温湿度感知、动作等交互技术，产品包括肌电臂环、触觉手套、传感衣、电子皮肤等。肌电臂环可以用于空中键盘打字，Meta 刚发布的触觉手套原型机，用户可以精确抓取虚拟空间的物品，接球、玩骨牌，并能搭配头戴式 VR 设备，最终还可直接搭配 AR 眼镜，这不只是一个全新的人机交互接口，也是一个全新的科学研究领域，形成成熟的商业化产品还需要 3~5 年时间。传感衣和电子皮肤的研发尚处于早期阶段，想要达到可舒适地长期穿着且能实现类似皮肤的极高分辨率和敏感度，8 年内完成的可能性不大，但不排除 5 年左右出现一些中初级的过渡性产品。这个系列的产品突破，仅仅在技术层面是不够的，很可能需要在科学原理层面实现一些新的突破。

5. 意：意识的上传与下载交互技术。脑电头环、脑机接口都属于此类科技。实现意识上下载的那天，也就是奇点来临的一刻，也就是你我实现数字永生的时刻。脑机接口交互技术，是眼、耳、鼻、舌、身五感交互技术的终极版本。即之前这五感交互都是器官级的独立交互，都需要在这几种器官外分别附加对应的智能硬件。而脑机接口科技将直接一步到位，通过大脑与大脑之间的直接交互高效解决五感交互的问题。这项技术的成熟需要 15~20 年。

未来 10 年，我们将首先实现视觉和听觉的完美交互体验，其他几项交互技术也会高速发展并不断给人类以惊喜。如果 6G 移动网络能够同步实现 10 Gbps 的下载速率和毫秒级的时延，那么人与人之间的远程沟通将发生翻天覆地的变化。

交互技术之美本质上是减少和消除地理空间给人与人、人与场景远程交流的障碍之美。科技越发展，距离对我们的影响越小，我们的工作生活和生命就越美好。

我想象如花能在她的世界实现各种可能，这些可能源于本宇宙我的希望，但是又超越本宇宙。而交互技术的支持会让现实世界的不可能在虚拟世界变成可能。

交互技术为元宇宙用户提供沉浸式虚拟现实体验，让感知交互不断升级。VR 虚拟现实技术让虚拟与现实的显示方式通过设备的传输得以实现，AR 增强现实技术让现实世界变成显示的主题场景，而元宇宙用户借助数字技术可以基于现实场景探索虚拟事物，MR 混合显示技术则更进一步打通了虚拟与现实的关联，在真实世界中元宇宙用户便可与虚拟事物进行互动。全息影像技术让人类可以不借助设备裸眼进入虚拟世界成为可能。脑机交互技术则提高了元宇宙用户交互的快捷性和便利性，传感技术则为元宇宙用户提供了更加真实有效的各式体验。

此时的如花是元宇宙世界的我可以在这个虚拟与现实的世界里自由穿行。在我想象中，她可以穿行到其他创造者的虚拟世界、与其他的"如花"玩耍嬉戏。

四、BIGANT 之三：游戏及各种引擎技术之美

这里所说的引擎技术主要是指游戏引擎及各种垂直领域的引擎，如数字孪生引擎等。

我们知道，元宇宙开启的创作者经济，是指传统的 PGC 模式升级到 UGC 模式和 AIGC 模式后引起的内容大爆发现象。而引擎技术就是站在 UGC 和 AIGC 幕后的发动机，区块链就是用 NFT 和智能合约等技术来高效解决内容产业确权与经济自动分配的关键技术工具。

各种各样的 UGC 平台和 AIGC 平台离不开各种各样的强大引擎技术（PGC 也一样）。比如 Roblox 背后的强大游戏引擎，

才使得 UCG 游戏平台能够支撑 170 多个国家和地区的 800 万名创作者，每天在平台上创作出几万个不同的游戏。

先说说游戏引擎，目前最主流的有两个：一个是 Epic Games 公司的 Unreal 虚幻引擎，近期将推出虚幻 5 版本；另一个是 Unity 公司开发的 Unity 3D 引擎。游戏引擎今后有两大发展方向，一个是继续面向专业人员提供专业而复杂、全面又强大的功能，另一个是面向大众演进易学易用，为各类 UGC 平台提供傻瓜化的虚拟世界构建能力，并进一步发展成 AIGC 平台，即人工智能生产内容。实际上这两个发展方向都会引进大量的 AI 技术。

再说说各垂直领域的引擎，比如对建设元宇宙第二个世界来说至关重要的数字孪生引擎。数字孪生引擎虽然跟游戏引擎相似，都涵盖了建模、渲染、仿真、动作四大能力，但其建模的对象主要是现实世界的一切，并且其在仿真和动作方面比对游戏的要求要高很多。以仿真为例，游戏中的人和物完全不需要遵守地球上的物理定律。想怎么飞就怎么飞，而数字孪生中的 3D 内容需要严格遵守所有的物理定律，这个就很复杂了，比如一阵风吹过，叶子摆动和落下的轨迹，触地瞬间飞起的灰尘等，这些元宇宙里数字孪生世界的内容都得符合物理定律，做到高度仿真，目前多尺度大空间的数字孪生仿真技术尚处于

关键技术工具

早期开发阶段。现在无人机和 AI 被广泛应用，建模速度和成本在快速下降中。其实现在很多数字孪生公司的 3D 引擎底层也都是游戏引擎，尤其是前面讲到的 Unity 和 Unreal。

数字孪生还有一个特别重要的大应用领域，就是工业制造业，即把企业的研发、生产、制造、仓储、物流、销售和售后服务的全价值链都实时动态复制到元宇宙虚拟世界，全程数字化、高度智能化的企业元宇宙、工业元宇宙，将极大提高企业经营管理的效率。仅设计研发和生产制造环节的数字孪生，就能大幅降低企业财务成本和时间成本。

垂直领域的引擎非常之多，除了上面讲到的数字孪生引擎，还有数字人引擎、建筑引擎、教育培训课件引擎、服装引擎、音乐引擎、绘画引擎、新闻引擎、文旅引擎、logo 引擎等。随着 AI 和算力的指数级发展，这些垂直领域的各种引擎有望在未来的 3~10 年里步入发展的快车道。

如果把 Word、PPT、Excel 比作文字处理、幻灯片、电子表格领域的引擎，你就能充分理解引擎技术之美了。各行各业、五花八门的强大垂直引擎，将极大释放我们每个人的想象力和创造力，极大丰富人类工作生活各领域的物理产品与精神产品，极大提升元宇宙三个世界的建设速度和美好度。

此时的如花并不是一个孤独的存在，在元宇宙的世界里，有无数创造者通过想象力创造出来的各种世界和各种角色，便如一花一世界。大家在元宇宙这个平台上可以实现如本宇宙世界一样的互动与交往。

电子游戏技术是元宇宙所呈现出来的典型形式，通过灵活的交互和丰富的信息，充分满足元宇宙用户的社交需求。3D建模技术让"一花一世界"得以高速、高质量地搭建，各种素材让虚拟世界实现"高楼平地起"。实时渲染技术让虚拟场景获得了如真实场景一样的"阳光""温度"等，让数字世界更加逼真。游戏引擎技术让虚拟的场景融入内容和情节，让元宇宙用户的虚拟社交获得更多剧情和故事。

当元宇宙有了社群，当如花有了社交，更多现实世界的人类行为将在如花世界得到虚拟实现。

五、BIGANT 之四：AI 技术之美

AI 技术的至美之处，在于让人活得越来越高级、越来越回归万物之灵长本该活成的模样。很多人把 AI 视作威胁，认为 AI 未来会让大部分人失业。其实换个角度想想，几十年前、几百年前、几千年前的大部分工作，本就不该由人类去干。同理可证，站在未来几十年、几百年回看现在的大部分工作，也不

该由人类去做。

作为太阳系中的智慧生物，我们难道不应该主要靠想象力、创造力、认知力和感知力去生活吗？我们难道只应该习惯于旧时代延续下来的依靠自己的体力、耐力、肌肉、不怕枯燥的所谓毅力去生活吗？

人工智能技术因 2016 年 Alpha Go 的出现重新进入大众视野，这 5 年正是 AI 在深度学习、生成对抗网络等领域的指数级高速发展，才有了新材料研发、药物研发、图像识别、语音语义识别、自动驾驶、数字图像制作、画片和视频智能编辑软件、虚拟人、AI 作诗作曲作画等领域的不断突破。AI 大模型的参数数量，在短短 4 年内增长了超万倍。

人工智能技术在元宇宙的各个层面、各种应用、各个场景下无处不在。包括区块链里的智能合约、交互里的图像与语音的 AI 识别、游戏里的代码人物物品乃至情节的自动生成、智能客服、商品和内容的自动推荐，还包括元宇宙里虚拟人物的语音语义识别与沟通、社交关系的 AI 推荐、各种 DAO 的 AI 运行、各种虚拟场景的 AI 建设、各种分析预测推理等。

可以说，只要是数字化的地方就是人工智能的舞台，AI 有时在台前有时在幕后，更多的是在各种各样智能化功能的幕后默默地做着贡献。

其实，我们不用担心人工智能像人类一样思考，我们真正需要担心的，是人类像计算机一样思考问题。

如花在我想象的元宇宙世界里，可以通过人工智能技术"学习成长"。

通过计算机视觉技术，实现现实世界图像的数字化，让虚拟与现实能够更加直观地结合。通过智能语音技术形成一套元宇宙用户与用户、用户与系统之间的交流语言，通过语音识别实现虚拟的交流场景，通过自然语言处理技术，使这种虚拟的交流场景能够贴近现实的交流场景，进而更加有效和精准。通过机器学习技术，让元宇宙世界里的角色和"生命"能如人类一样"学习成长"，甚至实现"青出于蓝而胜于蓝"，让元宇宙世界的运行更加智能。

此时的如花通过人工智能技术，成了我在元宇宙世界的一个分身，我希望她完成我在本宇宙世界无法实现的理想，她能感知瞬间移动、能认知所有文明、能创造一个星球、能用皮肤展开想象……

六、BIGANT 之五：综合智能网络技术之美

较之通信网的连接之美、互联网的信息之美，元宇宙所需

的综合智能网络技术之美，就美得气势磅礴、博大精深，突出的是综合能力之美。

这里的综合智能网络技术不仅指传统意义上的通信网和互联网，主要是云化的综合智能网，包含5G和6G等通信网、人工智能、算力、存储、安全等能力，架构上包含了中心化、分布式和边缘计算的混合网络架构，是端、边、云、网、智的复合。它不再是传统的信息传输网络，而是具有综合能力的基础设施网络。

云化的综合智能网络是元宇宙最底层的基础设施，提供高速、低延时、高算力、高AI的规模化接入，为元宇宙用户提供实时、流畅的沉浸式体验。目前5G网络的最大下行速率大约是5.6 Gbps，速度上勉强能够支持元宇宙早期发展阶段的应用。马斯克的星链在通信容量和频谱利用率上有着天然的瓶颈，所以真正的元宇宙大发展离不开6G、7G，以及卫星互联网的天地一体化协同发展。云计算和边缘计算为元宇宙用户提供了功能更强大、更轻量化、成本更低的终端设备，比如高清、高帧率的AR/VR/MR眼镜等，同时分布式存储也为基于区块链的元宇宙提供了低价和安全的存储解决方案。

互联网是异步网络，所以大家早已习惯了时延不敏感的各种互联网应用，除了大型实时战略游戏不能容忍时延超过100

ms 之外。元宇宙时代就不一样了,大量场景都要求低时延和极低时延,比如医生远程动手术、自动驾驶、生产线、沉浸式对战游戏、轨道交通、远程无人机控制、战争等,6G 有望把时延降到 10 ms 以内,未来的量子通信网络则可能直逼 0 时延的理想性能。

沉浸式 3D 元宇宙的庞大数据量,对算力的需求如天文数字一般。据 OPEN AI 预测,全世界 AI 模型的运算量未来 5 年内将成长 30 万倍,堪称疯狂。这些年英业达等半导体厂商一直在不断创新,努力以远超摩尔定律的指数级速度推高算力。最新的消息是,霍尼韦尔提出了新的摩尔定律承诺:5 年内每年将其量子计算机商业产品提高一个数量级。

伴随算力暴增的是能源消耗总量的暴增,全球碳达峰、碳中和的大背景之下,功耗墙问题给算力行业造成了巨大压力,好在核聚变技术的快速发展有望在未来 10 年到 20 年的时间内,将人类带入无限电力供给时代!

当我想象因为我的所想即如花所到,随时可能有场景切换时,必然需要有网络及运算技术提供网络基本层面的支持,通过算力和网络将人类所想用数字化的形式实现和创造出来。这个过程中云计算技术为人类进入元宇宙世界提供更强大、更轻量化的终端设备。5G、6G 技术让人类在元宇宙世界里有更加高速、低延迟的传输通道,让体验更实时、更流畅,再辅以边缘计算技术,让整个网络成本和网络拥堵问题得到有效解决。

这时,因为网络和运算技术的支持,让我所想即如花所到,让我想象中的如花在元宇宙世界中激活,迸发出虚拟生命之美。

当如花生命含苞待放之际,我的作为"父亲"的本能,驱使我如一个创造者,为如花创造出一个更加丰富多彩的世界,而这个世界里所拥有的场景,一定比本宇宙更加多元。

七、BIGANT 之六:物联网技术之美

物联网技术之美,美在让万物有了灵性,让万物可以像人一样进入元宇宙虚实融合的新世界。没有物联网的元宇宙,就只是一场人和数字人的寂寞狂欢。

物联网领域经历了十多年的漫长前夜,近几年终于迎来了真正的快速发展期。

在元宇宙三个世界中的第二个数字孪生世界里,物联网负责把物理真实世界里的各种信号和变化(比如声音、图像、温湿度、气象变化、物理及化学参数等)实时对应到数字孪生体上,比如长江不同水域的状况、果园每棵树的状况、牧场每头牛的状况、工厂每条流水线和设备的状况、家里家电和宠物的

状况等。这样，在元宇宙数字孪生世界里，人类可以随时掌控这些物理世界的对应物，极大提高了工作和生活的效率。

在元宇宙三个世界中的第三个虚实融合增强版现实世界里，人类可以在各个现场通过 XR 眼镜等，将数字孪生世界里对应的数据或 AI 处理过的数据实时显示在当前实景的 XR 眼镜里，比如站在山坡上扫一眼前面的羊群，眼镜里就会实时显示出哪些羊是你家的、哪些是混杂进来的。

物联网技术正在向区块链、边缘计算、AI 融合发展的方向前进，是元宇宙六大技术领域中相对成熟、最接近规模化商用的领域，当然还有碎片化普遍、成本偏高、智能化程度低、算力不够等需要改进的问题。

我的如花世界，是我的本宇宙的镜像世界，是一个元宇宙世界，如花世界解构了本宇宙的万物，超越本宇宙的万物互联的逻辑，但元宇宙的如花世界是我的现实世界的延展，要实现这个延展，离不开物联网技术的支撑。

物联网技术让本宇宙的万物与元宇宙虚拟世界实现共生，物联网感知层通过各类传感技术让物理世界的万物信号和信息来源得以感知，接收到信息源后通过网络层将物理世界的万物信号传输到虚拟层面，最终在元宇宙的世界里形成应用，通过操作系统让元宇宙与本宇宙万物有序关联，实现虚拟与现实的共生支撑。

如果说是网络及运算技术让我的如花世界诞生,那么物联网技术让我与如花得以在虚拟与现实里共生。

如花世界有了场景,我还希望如花能获得人类的视角,能看到花开花落,能闻到花香果香,能说能唱……

要在元宇宙实现我想象中的如花世界,需要攻破一层层的技术难关,攻破一层层难关犹如使一朵花绽放,技术一环套一环,就犹如一片片的花瓣,最终我们看到的如花世界,难道不正是元宇宙技术之美的花开之时吗?

第三章 元宇宙创作之美

谈论创作，我们需要先从美说起。

本宇宙耳熟能详的一句话："羊大为美。"所以"美"是有一种标准，这个标准就是"充分"。还有一句话："一千个读者有一千个哈姆雷特。"所以"美"又是一个相对主观的事情，每个人对美的理解也各不相同。但是如果我们回归到生命体本身来感知美、认知美、美的创造、美的想象这件事情上，还是有一些最底层的共性可以探讨：比如和六感认知有关的都构成情绪，六感中和生命、生长有关的都是美的。我们举三个每个人都可以想象出来的例子。

首先，绽放。想象一朵花的绽放，脆弱挣扎而又肆意挥洒色彩的美好，当你不经意间看到这一幕，心里会觉得，哇，这好美！

其次，发现。想象和一群朋友去西北草原戈壁共同露营，

羊大为美

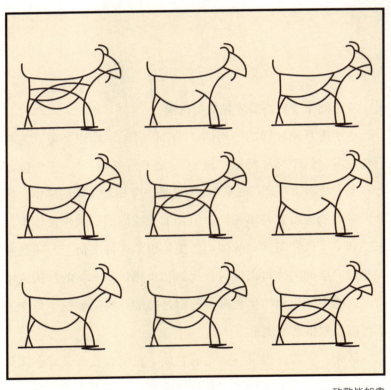

——致敬毕加索

绽放之美

——致敬梵高

夜里，你看着漆黑的深夜、深邃的夜空，本来有点害怕，但忽然有人点亮了一束光，一下子在朦胧中浮现了远山、帐篷、摇动的人影，三两好友一起躺在树下；此情此景，因为寂静中有了人的参与而变得无比美好。

最后，生长。同事给你分享了一张她家宝宝诞生的照片，半透明的脚趾、还睁不开的眼睛，看着照片，内心一下子就融化了，生命的诞生和生长，真的好美。

这些都是可以跨越文化和种族的共同对美的认知。如果我们再仔细思考，我们为什么会觉得和生命相关的事物就很美呢？

更深入思考其原因，我们认为应该有两点。

第一，食物保证能量来源，所以会感到美。

如果今天我们吃得很饱，吃得很舒服，我们会有满足感，满足感会带来幸福感。此刻的人们不会觉得饥苦，这是我们人类基本的生存逻辑。同样，在社交媒体里，我发现好友经常晒出来的很多漂亮而且色彩鲜艳的食物照片，让我看了会忍不住垂涎欲滴，美食好漂亮，令人好有食欲，好有生活，心里会觉得好幸福，然后我会马上转发和收藏，甚至想去品尝一下；所以食物，往往都是和美相关的，因为食物保证的是人类的能量，这也是所有生物的第一本能。

第二，安全带来身体与心灵的舒适，所以会感到美。

与安全有关的现象或者事物,一直被人类不断描绘,比如:温馨的家、心灵的港湾、灵魂的归处、转危为安、化险为夷、安居乐业……安全感是人类最强烈的一种感知,因为安全与生存直接相关,感觉安全就会舒服,就感觉到美。

安全是有序、饱满。在日常生活中,我们观察到的有序的、饱满的都是美的,比如阵列整齐划一的阅兵式,比如天空飞过一字排开的雁群,比如金黄璀璨、一望无际却又整齐的麦田。有序则代表稳定、安全。

安全是有生命生长。中国人一直在追求安静的状态,但又强调溪流、鸟鸣、雨滴之美;"蝉噪林逾静,鸟鸣山更幽""柴门鸟鹊噪"。为什么明明追求安静的美但还要有这些声音呢?因为绝对的安静会变成死寂,死寂则是不美的,因为没有生命和生长。

安全是环境适宜。比如我们人都觉得26摄氏度的环境是美的,因为我们的体温在36摄氏度左右,26摄氏度的外界温度最适合我们,所以,如果我们处在一个温度到了30多摄氏度,甚至40摄氏度的环境,一定会感到不适。所以,符合生长的、符合生命的,都是生命成长的积极因素,外在如果拥有这些因素,我们会认为是美的。

我们可以看到,美是和生物的底层本能息息相关的,我们回想自己生活当中的很多细节,所有的幸福感来源,可能都是

"蝉噪林逾静,鸟鸣山更幽"

来自这些小小安全感、这些小小的成长和生命体验。所以我们说,符合成长的、符合生命生长的都是美的。

美建立在人可以控制的安全上。

在人类的本能认知中,不确定性带来恐惧,对未来产生恐惧就会失去安静。比如:当一个人被锁在了一个密室里,钥匙被人拿走,虽然不会有其他人伤害他,但是在这种环境中,人不会有安全感,而会觉得自己被人囚禁了,安全并不掌握在自己的手里。我们需要对自己的安全有可控性,因为可控这件事情会强调确定性。所以一旦产生不确定性,就会带来恐惧。人类因为对未来产生恐惧,就会失去相对安静的心态,人类会出现焦躁不安的情绪。所以人需要一个可以控制的安全。

古代人说"一技傍身走天下"。在古代,如果我们能掌握一个技能,那这辈子都可以依靠这个技能为自己提供生存资源,甚至还可以活得不错。比如:一个生活在唐代的人学会了木匠手艺,便可以衣食无忧,这一辈子过得很好,因为在古代木匠算是百工之首,是一份有社会地位的职业,小到去给知府家打一张桌子,给县令家做个椅子,去给村子里的人家做一些日常的家具;大到可以入朝为官,担任工部员外郎等官职,管理土木之修缮、工匠之程式。

过去说,"父亲长兄三亩田"就是幸福一辈子,为什么呢?

在中国古代，对伦理特别重视，我们会发现，如果家里面有三亩地，秋天到了稻子成熟了，全家一起开工，先去收割父亲的田，收割完父亲的田，再去收大哥家的稻子，收完大哥家，就去收小弟家。最后谁的收获也不耽误。我们看到因为长幼有序，建立了父亲的权威，兄谦弟恭，由于家庭关系的存在，而让人的内心充满确定性。

回到今天，因为社会发展速度变快，我们的未来变得越来越不确定，对未来的控制越来越难。随着技术发展，世界开始变成高科技的生存场，原来的木匠、算卦人、铁匠等传统百工，或者有"一技傍身走天下"观念的人，可能在今天这个社会里生活就不那么容易了，取而代之的则是不确定性。

前文提到，美是一个事物被极致恰当地表达出来，并让人感觉到正确且舒服。美与生物的本能相关，与生命生长相关，与未来的控制相关，它可以被结构化，可以通过数字、智能等技术实现出来，在世界不断更新发展的今天要把美呈现出来，也需要新的方式和手段。

而想象力的核心是形式和内容的创新，是求新、求奇、求特。所以在未来，我们认为最具有潜力的就是工业设计。

— 第一节 —

设计之美

我是学工业设计的,2004年创立洛可可创新设计集团,一直深耕在设计行业,公司成立17年来,设计了6 000多款产品,斩获国内外创新设计奖项480多项,积累了行业领先的创新经验。公司规模也从一个工位发展到线上40 000多名、线下1 000多名专业设计师,并在全国14个城市设有子公司与服务团队。我坚持以设计为核心竞争力,秉承"让每个人享受设计的美好"的设计理念。

当元宇宙时代到来,我首先会关注,这会给我们设计行业带来什么。

一、设计即产品:群体设计

我在第一章讲创造力系统重构的时候说过,元宇宙时代除了个体创造,还会出现群体创造、AI 创造。

在元宇宙时代,基于数字技术和平台逻辑,群体设计将出现,设计即产品将出现,我们称之为"元设计"。

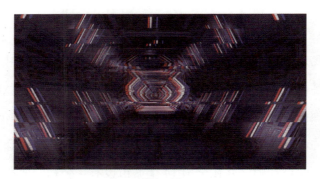

群体设计

数字化无论是对于个人生活、企业管理还是各个场景,都将是一个趋势。那数字化会给我们带来什么呢?我们认为,数字化是一种赋能,主要有两个重要而明显的作用:一是效果加强,二是效率提升。数字化可以让我们的各种应用场景更加标准化、规范化、流程化,从而解决信息不对称、反馈不及时等问题。

而数字化视觉处理或设计平台会给我们带来什么呢?我们

认为基于数字化赋能的逻辑，数字化设计平台会给设计师赋能，也会给普通人赋能，比如我们常用的修图软件，基于数字标准化、规范化、流程化的处理，我们每个人都能做出好看的图片。数字化可以让任何一个普通人迅速掌握很多专业复杂的设计能力。人们通过数字化设计平台和视觉处理工具，改变自己的生活和工作，改变自己的状态。所以，如果我们管中窥豹的话，未来数字化可能会给我们带来设计的变革，绝不仅仅是效率和效果上的，而一定会在每个人的内容处理上、生活细节上、日常状态上都带来巨大的变化。

长期以来，从设计到产品都是一项群体工作，需要设计师、供应链等一系列的工序才能完成。但是，在元宇宙时代，有别于本宇宙的群体协助完成设计，出现了真正的群体设计，设计即产品。因为在元宇宙时代个体设计者不只是服务者，每个人用自己的能力和工具去改变自己的状态和认知，打造属于自己的元宇宙世界，活出更好的自己。这时设计的出发点不同、应用场景也不同，每个个体都获得数字化赋能，人人都是设计师。

元宇宙时代出现群体设计，需要大量不同能力的群体以及个体共建创造，有创意的设计师，有自我价值观的用户，有愿景的企业自循环从创造到体验互动，缔造共创元宇宙生态，这是一个必然趋势。如花在野是我创作的一个元宇宙IP，除了艺术创作，更多是诠释世界观，打造如花世界，有艺术、有商业、有内容、有文化输出。以如花在野做第一引擎，持续以 IP 为引擎来驱动企业设计师用户创造内容以及创新产品，推动人类生活进步，从精神层面到物质层面共同进步。但是如何在元宇宙时代的群体设计场景下，提供更专业、更系统、更丰富、更标准的内容来支撑复杂设计、难度设计、持续设计，将是一个元设计的问题。

洛可可的"洛客"平台基于数字化赋能的逻辑，从 2016 年成立以来，会聚了全球超过 30 万名创造者，其中包括超过 4 万名优质设计师，还有丰富的设计知识产权库，结构化拆解设计流程，通过线上化、标准化、数据化、规模化，实现数字化群体创造。我们基于 17 年设计专业，2022 年联合中国数字藏品开发的先行者咖菲科技，一起打造了元宇宙产品创造生态平台——海星宇宙，海星宇宙和合作伙伴共同创造具有元宇宙特色的元生产品，通过数字化平台为引擎构建多元、潮酷的数字空间。链接 C 端用户，为企业与用户提供新的互动场景，激发用户共同创造喜欢的元生产品，实现虚实联动。让所有数字作品能快速转换成数字产品，进而形成用户可选择购买的商品。设计即产品，创造了一个人人都是创作者、虚拟与现实并存的"如花岛"。在如花岛上，每个人都是酷潮创作者，根据自己的想象创作属于自己的内容和 IP，这是一个所有人共享设计价值的元宇宙元设计平台。

元宇宙基于数字化也基于智能化，数字化逻辑的元设计平台促使我们继续探索智能化逻辑以及未知和可能。通过以虚实联动为第一阶段竞争力，形成以元宇数字藏品为引擎，联动线下实体经济，激活各个领域顶级企业，打造最快虚实联动闭环，提升企业价值，加强用户体验。再结合核心企业，通过用户数据驱动价值，利用数字藏品预售逻辑，优造良品，激活传统线下企业，提升精神层面价值的同时提升中国创造。最终通过企业端服务，吸引各个领域用户，创造集元宇宙及产品设计，用户交流众创及销售一体化元宇宙产品生态平台，推动数字化经济科技进步。

以虚拟产品的数据来驱动实体产品的输出，合理应用现实世界的空间资源，减少浪费，精准开发，用数字化创造好产品，设计美好世界。

二、作品即商品：AI 设计

元宇宙时代因为面对的未知发生了改变，应对未知的方式也会发生改变。必然会影响我们对于美的理解，必然会影响我们对于美的创造，也必然会影响我们所熟知的设计。元宇宙时代的设计在科技的带动下，进入智能设计时代。

智能设计是基于数字和算法逻辑的设计，我们已经知道美是一个生存场景，不同的人在不同的生存场景下，对美的认知也是不一样的。比如，时下非常火爆的国潮风，因为国潮设计产品融入了中国传统文化，国潮让我们的文化有归属感，在我们的生存场景内，我们会认知到国潮风的美。试想一个非洲原始部落的酋长，基于他的生存场景和他的文化认知，肯定不会如我们一样去欣赏当下的国潮之美，能让他感知到美的是自己部落里的人穿的草裙。再比如，在一个古老村落里设计建造了一个艺术建筑，游人看了会觉得美，但当地人可能不会觉得美，他们会认为这有悖于当地自然和谐的状态。

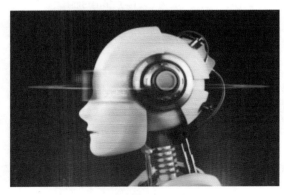

AI 设计

不同生存场景的人对美的认知不一样，同理，人们对设计之美的感知也是不同的。

那么，设计怎样才能够满足所有人的需求？

这个问题的答案显而易见：光靠设计师是无法解决的，依靠某个人来做设计，永远满足不了所有人的需求。正如微信公众号的口号："再小的个体，也有自己的品牌。"只有个体参与自己的设计，才可能设计出自己满意的作品。那如何让个体有效参与设计共创呢？

幸运的是，在高科技发展的今天，我们可以通过人工智能来实现，于是我们在元宇宙时代的智能设计就出现了。

在定义元宇宙美学系统的时候，我们提到过因为想象力的爆发，带来了想象力美学，然后个体创造者、群体创造者、人工智能创造者出现。于是，我开始思考，如果把这三种创造者聚合在一起会发生什么呢？当我们开始探索尝试时，"水母智能"就出现了。

本宇宙世界的洛可可和洛客都是个体创造者和集体创造者的时代，但是当我们进入元宇宙时代，开始进军智能设计领域，人工智能创造者出现，AI 设计开启，设计项目的数量便不那么依赖于设计师的数量了。

AI 设计将是一个全新的、以智能为基础设施的生存场景。

到了那个时候,智能本身就是我们日常生活当中最为常见和普通的用品之一。

AI 设计将会呈现千人千面的美,这个场景未来一定会出现。那时,每个人都可以自由地表达自己对美的定义和认识,每个人都是美的大师,不再需要用个体扭曲和主轴,只通过自己的认知和创造就可以形成网络效应,成就每一个生存场。

AI 设计将孕育出共生的创造力。那时,你的一个诉求就可以有无数的人参与进来。将会实现"人类创造力"和"AI 创造力"的共生,基于这个共生以多元认知的结果来满足人类个体。虽然每个人的认知是有限的,但是,在加入了很多人、加入了 AI 之后,结构就可以变得非常丰富而精彩。

我们追求着这个目标,努力实现全链路设计算法研究和数据全程流通。研发智能 logo,3 秒生成 100 个 logo 提供给用户进行任意选择;研发智能包装可以根据零食类目,自动生成包括尺寸、样式、图案在内的包装袋供用户任意选择;研发智能设计与非遗文创合作的项目,通过智能设计来重塑 IP 分发、IP 产品化、IP 交易、IP 版权检测。

这种智能设计,只为人们提供无数的选择,但不宣布真理。因为每个人对美的理解是不一样的,这也是我们追求"让每一个人享受设计的美好"的初衷和目标。

我们知道，互联网经济是建构在 IT 相关技术基础之上的，同样，元宇宙的崛起和发展也离不开庞大技术体系的支撑。业界对于元宇宙技术体系的各种分析和论述丰富多样，总结提炼之后，核心都离不开支撑元宇宙的六大技术支柱。说到这儿，或许你已经发现，元宇宙并不是一个全新的系统，而是新瓶装旧酒，是芯片、5G、云计算、AI、VR/AR、数字孪生这些技术的整合。当下的元宇宙是一种新的信息交互方式，是互联网从 2D 到 3D 的升维进化。

在硬件方面，可佩戴的 AR、VR 眼镜以及全息投影已经在多个场景被普遍应用。5G 为我们带来了高带宽、低时延的网络，它解决了延迟感问题，同时云计算和边缘计算提供了巨大的算力。区块链、数字货币、NFT 的兴起也为虚拟世界的交易提供了基本支撑。

元宇宙的特点是沉浸式的真实体验，这意味着社交的全新体验，可能存在更多人与人交流的场景。在元宇宙中，用户的每个眼神、动作、表情，甚至心跳、脑电波都将得到反馈，同时也将反作用于元宇宙。人机世界的新交互也将给交互设计这一领域带来新的机遇和挑战。

Adobe 公司 2021 年提出："3D 领域将成为下一个创意风口！"为此，Adobe 公司推出了 4 款全新的 3D 软件 Sg、Pt、Sa、Ds，助力新场景的搭建。

除此之外,还有大家熟知的游戏引擎 Unity,是实时 3D 互动内容创作和运营平台,可用于创作、运营和变现任何实时互动的 2D 和 3D 内容。

互联网正逐渐从 2D 转变为 3D,那么人机交互也一定会迎来一场新的技术大变革——不同于 2D 世界的交互方式。虽然元宇宙还是未来,但元宇宙的搭建已经在进行中。

在元宇宙的世界里,人工智能扮演着非常重要的角色,它赋予元宇宙智能的"大脑"以及丰富而创新的内容。

当前,人工智能已然成为新一轮科技革命和产业变革的重要驱动力量;它所发挥的作用的广度和深度堪比历次工业革命。

人工智能占据了当下科技革命的制高点,它以智能化的方式综合广泛地联结各个领域的知识与技术能力,为新一轮科技革命和产业变革释放出了积蓄已久的巨大能量。

在底层算法能力提升和数据资源日趋丰富的背景下,人工智能也表现出了其强大的作用力,面向各领域、各种应用场景的赋能作用,正在渐渐地改造着各个行业的模式。对元宇宙这个庞大而复杂的生态体系来说,创造出的内容的丰富度,将会远远超乎人们的想象。

并且,元宇宙所创造的内容,将会以实时生成、实时体验、实时反馈的方式提供给用户。这对于供给效率的要求将远超人力之所及,所以你需要更加成熟的人工智能技术,来赋能内容生产,实现"所想即所得"的愿景,降低元宇宙用户进行内容创作的门槛。

当然,元宇宙的边界仍然在不断地扩展,想要满足其不断扩张的内容需求,还需要通过人工智能辅助内容生产,只有在人工智能赋能下的 AI 辅助内容生产和完全 AI 内容生产,才能够满足元宇宙不断扩张的内容需求。

不过长期以来,人工智能似乎总是被误解。在一些科幻电影、小说等场景中,AI 被描述和塑造成要代替人类的机器大脑,而实际上,当下被技术和舆论广泛关注的人工智能,是致力于在各行业通过输出行业理解来简化需求、提高生产效率、降低成本和从业门槛的产品与服务。

同样,设计行业也在遭受着类似的误解。

近年来,随着电商与短视频的兴起,"流量"呈现出了多平台化的趋势。我们也明显感受到用户对品牌属性的需求在不断升级,从而在消费、零售、电商、娱乐社交等各个行业中,设计的重要地位和转化作用便日益凸显,已经与品牌私域获客等新型数字化手段产生了强关联。

但与此同时,很多企业和消费者对设计的理解有失偏颇,他们可能还停留在商业艺术、感性美学等层面上，忽视了设计本身在很多场景可以被快速规模化、标准化的实用价值与市场属性。

2020年至2021年，新冠肺炎疫情等多种因素催化了大众对于"高效设计"的认知水平，表现在两方面。

第一，以人工智能为驱动的智能设计行业正在快速发展，目前海外市场已出现Canva等市值在150亿美元规模的独角兽，全球月活用户达到5000万人，并已在2021年初通过收购Kaledo.ai等初创AI公司布局智能版图。国内市场上2020年智能设计的行业热度已达历年最高。第二，传统设计领域在企业成本与流程管控方面暴露出了严重的缺陷，即与商品生产供应链、渠道投放流程之间存在着巨大的隔阂。SKU的井喷式增长和消费者对差异化产品和个性化营销的需求，使得设计行业向C2M的商业模式进化成为必然。

"水母智能"就是在面对元宇宙做基于AI的创造。他们意识到，未来将是一个以设计为新竞争力的作品及产品的元宇宙新时代，所以便开始主动地去学习和探讨元宇宙的一些可能性，包括商品的可能性、新的商业模式的可能性和创造力的可能性等。

目前电商版图不断扩张，商品的生命周期正在急剧缩短，已经从3年左右锐减为18个月，部分网红产品的生命周期甚至可以按周计算，且在产品功能上同质化严重，品牌复购仍需要通过营销手段刺激消费来实现。调查显示，产品新包装对于刺激消费的 ROI（投资回报率）是广告投放的 50 倍。

近年来，随着国家陆续出台政策支持中小微企业发展，越来越多的中小微企业，尤其是偏远地区的小微企业、农业企业等蓬勃生长，这些企业急需专业和高效的普惠设计服务来疏解破圈发展困境。

针对这种情况，急需智能设计基于设计原理和行业经验的数据算法，为中小微企业提供"美、对、快、省、可商用"的设计服务，人工智能在提升设计效率的同时，增加了设计交付生产的确定性，也为企业提供了可商用的版权保障。

（一）人工智能如何设计

智能设计最大的优势，也是它的底层能力，是它可以通过算力迅速生成海量的结果。以往设计的流程是用户先与设计师沟通，设计师在理解用户需求后，设计出几个方案样稿，用户再根据样稿做出选择……这是一个费时费力的长周期，而有了这种算力，节省了以往的设计工作流。用户可以自主输入和描绘需求，智能设计迅速收集用户需求进行量级设计，并且生成海量设计结果，用户可以在里面选到自己想要的东西。

智能设计不给用户一个确定性的结果，更不影响用户决策，而是给用户提供充足的选项，可以让用户自己去做选择。

设计之美，就在于一个事物被极度恰当地表达出来，设计的核心是形式和内容。在这样的逻辑基础上，我们可以把设计分为六层。

第一层是对象还原。是最基础的一层，还原形式和内容构成。比如设计师画了一个和摆放在桌子上一模一样的苹果。

第二层是形式还原。基于第一层，也许有人不满足于这个一模一样的苹果，这时需要有一个符合特性的苹果，比如它是一个水灵灵的苹果，让人一看就觉得特别有食欲，这个就叫作形式还原，通过建立事物的状态，给它一个全新的表现形式。

第三层是内容变化。在保证感觉不变的情况下做对象的延展，这个苹果的一片叶子被替换成了金叶子，叶子的替换就创造了一个全新的苹果，这称为内容变化。

第四层是形式变化。比如设计师把这个红苹果变成了黄苹果，但它还是原来的形状，它还是有一片金叶子，设计师单独抽离了形式，扬弃对象内容，形成形式的联想。

第五层是内容想象。新对象在新逻辑基点下，创造新的语境，我们让这个苹果被咬了一口，于是在很多人看来它就变成了苹果公司的 logo。

第六层是形式想象。通过想象我们创造了一个全新的语境，因为有了形式，在形式上我们重新建立了想象，这个想象里面包含了新的对象、新的内容、新的感觉，这个图形代表了简约、现代、极致，甚至它还可以代表人们的生活方式。

以上六层叠加，就是计算机在认知人到底是怎么做设计的一个过程。我们看到，设计是计算机通过学习和强大算法，一瞬间完成的事情，而人类依然需要按次序完成。

更重要的是，未来需要的是"算法创造"，即"无限创造"。唯有如此才能实现内容不断新生、形式无穷无尽的愿景。这件事，人类做不到，但计算机可以，这就是未来人工智能时代的显著特征。

9秒输出设计方案：输入3秒、AI创造3秒、设计3秒，一共9秒就能产生千万个方案，而且是平行逻辑，同时出现在方案浏览界面，让一秒创造100万个方案变成可能。今天我们做的"水母智能"就是一个AIGC，实现了作品即商品、设计即生产的可能。本宇宙中，我们创作一件作品就仅是一件作品，作品要变成产品，需要经过加工生产，需要经过市场交易，成为一件商品走入人们日常生活中，被人们使用成为用品；而元宇宙中，我们创作一件作品直接就能变成商品，再通过非同质化货币，在元宇宙里实现交易。

有了智能设计,以 logo 为例,小微企业或者个人只需要输入几个关键词,比如名称、口号、领域,就可以在极短的时间之内生成海量的 logo,用户可以在里面选择自己喜欢的设计方案,并且生成的每一个设计方案背后都附有一个区块链版权证书,包括字体的正书、图形的证书,这样就保证了用户选用设计方案的可商用性。智能设计实现了做设计比人快、出方案比人多、收费比人工低。

我们坚信,人工智能,可以无限创造美。

(二)人工智能如何创造美

在大数据量高并发的时代,人们对于美的理解,将会变成"千人千面"。那个时候,面对高速分裂和急剧变化的新生存场景,大家不再盲从,不再随波逐流。那个时候,也没有所谓的意见领袖,人们都持"我个人想要什么""我自己想表达什么"的观点和态度。那个时候,"美"将如何被构建?

如果某公司一年有 17 万个设计需求,谁能搞定这 17 万个设计?

如果某公司需要几百万个红酒瓶的瓶贴,可不可以实现每一个都有不同的效果?

我们可以预料,未来社会将越来越需要个性化产品。每个人都需要自己独特的设计、独特的风格，因此，面对全新的需求，全新的创造模式也将会被开启。

或许未来创造的重点，是用机器来理解形式和内容，用智能来缔造全新的想象力。这种模式下，需要通过海量的数据来让机器理解形式，包括其单元特征和组织形式，例如颜色、形状、排版和组合等要素；同时，通过构建知识图谱理解内容，即人们想要表达的实体，例如情感要素。

（三）智能创造的本质是什么

第一，它是从模仿到创造的过程。这需要跨越一个鸿沟，包括对象的构建能力、塑造对象的规定单元的掌握程度，即基本的通用技能。

第二，是对象和想象、情感、价值的关联。需要不断努力实现的，就是如何让智能可以跨越，实现对象的创造。

（四）"水母智能"

2020年11月，洛可可成立"水母智能"，打造了商用的智能设计平台。

起初，在平台的孵化期，"水母智能"从 logo 设计切入，自主研发了"达·芬奇 AI 设计引擎"，凭借近 20 年的在设计行业的经验积累及不断沉淀的设计数据，公司将设计原理、设计模型及人工智能技术深度融合，进行全链路设计算法研发，实现数据在设计、生产和营销环节的全程流通，推动在线设计技术革命，设计模型算法及设计数据价值均领跑国内智能设计行业。

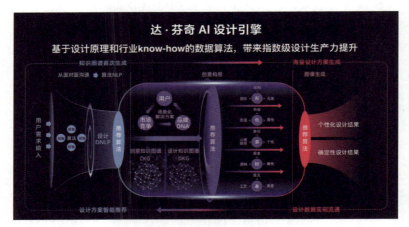

"达·芬奇 AI 设计引擎"

2021 年 6 月，"水母智能"与北京智源人工智能研究院达成深度战略合作，在设计行业成为全球超大规模智能模型"悟道 2.0"的唯一生态合作伙伴。背靠大模型、大生态支撑，"水母智能"在矢量图形处理算法、版权工艺等图像算法、设计领域知识图谱、设计智能推荐等方面迅速进展，于 2021 年 8 月推出"达·芬奇 AI 设计引擎"2.0 版。最新的 AI 设计引擎可实现用户需求理解与分析、高质高效图像生成、设计方案精准推荐及美学质量评估反馈。用户只须在智能平台输入产品名称，10秒即可生成海量品牌形象/包装设计方案，指数级提升企业设计环节效率。

如何通过科技来定义"美"是设计行业的难题，尚无前例参考。通过AI技术把主观需求客观化、复杂标签简单化、设计美学量化、设计过程算法化是公司持续投入研究的课题。

联结设计、算法、互联网，会聚跨学科人才团队。在"水母智能"设计平台的背后，是一支"设计×算法×互联网"的跨学科团队，其中算法和技术研发人员占比近80%。公司算法、技术、产品及运营负责人均来自阿里巴巴、网易、新浪微博等大型互联网公司，拥有丰富的大型互联网产品架构设计和运营管理经验。还有更多图像、推荐、知识图谱等方面的算法专家，懂设计底层逻辑的视觉设计师和互联网大厂出身的技术人才，这样一支自带混血基因的交叉团队在设计领域共同为探索人工智能寻求突破和创新。

团队未来将通过引入国际顶级图形图像学科学家提升技术研发能力并持续在设计、算法和技术三个领域吸引有实力的人才加入。A轮融资完成后，公司将会有更多的资金为各维度人才提供更宽广的发展空间和有竞争力的行业薪酬，让优秀的人一起做有挑战的事。

　　智能设计为谁服务？智能时代是否还需要引领性？针对这些问题，"水母智能"坚持着自己的初衷和理想，并打响了自己的品牌：追求设计普惠，实现共同富裕。坚持面向初创公司、小微企业、产业带里的增量用户、新农村新农户，解决他们的基础需求。

　　我们深知，在中国，设计产业一直在被市场需求倒逼着成长。虽然在今天，仿佛每个人都拥有自媒体内容生产能力，但真正能展现实力，能够做原创交付的设计师资源是极其匮乏和分散的。并且作为一项强沟通的创新服务，人工设计的成本与工时关联，企业很难通过效果来付费。随着设计需求的碎片化与高频化，国内 8 000 万小微企业对低成本且快速高效设计的需求，似乎成了一个"鱼与熊掌不可得兼"的真空地带。

　　从定价策略来看，"水母智能"支持用户在完成方案筛选后直接下单，针对差异化需求提供人机协作，为小微商家实现大规模并发式交付。以 logo 智能设计为例，单个 logo 设计被控制在几十元到几百元的价格区间内，远低于人工原创设计的服务价格，同时，这也大幅压缩了沟通与生产规范化的成本。

　　"AI 创意"新模式。自 Photoshop 等软件诞生以来，设计行业已经经历了几十年的数字化历程，遥遥领先于大多数行业。

但传统设计对于品牌需求的狭隘定义和下沉市场的需求爆发,使得设计智能化的想象空间直到近几年才浮出水面。

事实上,在大量设计生产的过程中,输出创意的设计师和执行创意的美工之间的界限,对企业客户来说很难进行区分。设计工作中大量的模板化套用与高达64%的重复性工作,一边以低效、低水准的方式霸占着创意的价值红利,一边也在影响着设计师的职业生态和品牌的利润空间。

除此之外,来源不透明、无法有效追踪版权的方案交付流程也大幅加重了企业的侵权与经营风险。

而在智能设计面前,这一问题可以被算法和越来越广泛的API服务、数据源合作生态等彻底解决。目前,以"水母智能"为代表的智能设计可以为品牌提供三个层面的价值。

1. 设计方案先呈现后付款,具有确定性。"水母智能"帮助用户将设计拆分到最底层的"形、色、意、材、表",并且通过所见即所得、即时生成可供筛选的海量设计方案等,加强与品牌方的互动,通过算法将抽象的需求具象化,降低交付双方的沟通成本与理解门槛。

2. 设计方案精准匹配工程图及生产标准,可直接投入生产。基于对柔性供应链的理解与创新,"水母智能"能够通过算法前置在设计环节精准匹配生产工程图标准,对接工厂实现批量快速生产,实现传统设计无法触达的 C2M 模式。目前,"水母智能"已经与小象智合、犀牛智造等印刷品、纺织品供应链伙伴达成深度合作。

3. 设计方案基于用户喜好生成。通过智能方案推荐的设计策略,"水母智能"将用户需求与品牌基因、市场数据等结合起来,同时从设计语料库中挖掘信息,为算法提供场景化及目标群体趋势数据支持,搭建设计知识图谱,通过图形工艺算法和深度学习算法处理生成解决方案。基于用户的方案选择等行为数据,AI 将进行反馈学习,为更好地分析与理解同类用户需求形成数据闭环。

在 2021 北京智源大会上,"水母智能"正式签约成为超大规模智能模型"悟道 2.0"生态战略合作伙伴,"悟道"模型系统的 1.75 万亿参数,为人工智能在设计领域的探索寻求突破和创新。

智能推荐 + 柔性供应链。在营销物料渠道及场景交付能力上的不断迭代,使"水母智能"已经覆盖了包括企业和品牌的形象设计、包装设计、产品设计在内的主流线上线下产品,能够帮助企业实现设计数据在生产上下游和营销侧全程流通,实现链接市场、产品和供应链的一站式协作,构建以消费者群体为核心的内容方案,在不同的场景中智能推荐不同的设计方案,将设计主题最终应用于终端，从而满足商家的所有需求。

"链接中国福"

以 2021 年初备受好评的"链接中国福"非遗纹样智能设计活动为例，2021 年春节期间两天中有 39 万人在线参与了非遗纹样再创作活动，用户在"水母智能"DIY 设计的作品经过线上数字存证和柔性供应链，可直接生成文创商品并下单购买。在此之前的 IP 产品化道路上困难重重，不同行业、规模、受众的 IP 在产品化过程中有着冗长的商务、设计、沟通和生产流程。从 IP 授权分发、IP 产品化到 IP 产品交易，"水母智能"能够将多个环节整合为一个并发环节，提高 IP 产品化的链条效率，使得 IP 能够在营销黄金期快速实现商业化。

不仅要服务于头部客户和少数的人，把顶尖的行业理念和服务传送到广阔的长尾市场，也是"水母智能"一直想做的事情。

元宇宙力

在被海外质疑"中国只有生产没有设计,只有企业没有品牌"的 10 年后,中国的设计产业终于依靠繁荣的供应链、互联网土壤和快速提高的品牌意识,在全球设计体系中占据了一席之地。2021 年,智能设计元年到来,中国设计的产业化能力再一次有望通过领先于世界的互联网及 AI 实力实现跃迁,从全民普惠的角度打破行业界限,让每个人都能参与到设计理念的传达与应用中。

随着智能设计的迅猛发展,不少人也都对其创造的价值和未来的无限可能性给予了认可与赞赏。源码资本的骆轶表示,智能化设计大幅提高了设计服务效率,使设计能以极低的成本进入广泛的场景。我们相信这支对科技与设计有深刻洞察的团队,能持续为客户带来美好,并为设计行业注入创新和突破。红杉中国合伙人郑庆生表示,人工智能技术驱动的设计尚在探索成长阶段,红杉中国种子基金对智能设计赛道关注已久,非常看好这一领域,其中定会生长出给行业带来深刻变革的独角兽企业。高瓴合伙人、高瓴创投软件与硬科技负责人黄立明表示,个性化数字营销在近年来渐成主流,这对设计产业品质和效率的要求均大幅提升。我们也将长期关注人工智能驱动下设计行业的变革,期待在这一领域诞生更多的创新公司。

未来,在元宇宙的新生存场景,不需要大师,因为每个人都是大师。信息结构化社会将会变成信息扁平化社会,开始大量产生自发信息个体,形成能支撑生存场景架构的生产力。

或许在不久的将来,人类和机器能够进入共同的生存场景。在机器可以真正代替人去建立一份独立认知的情况下,真正的智能创造也就成立了。在不同时代,人们的认知世界是不一样的,因为世界本身就是一个生物体,它在不断地生长、不断地变化,而世界创造的过程,是一个演进的过程。

未来是一个智能即为基础设施的生存场,智能设计会真正实现对象和想象、情感、价值之间的关联。跨越一个鸿沟,实现从模仿到创造。通过智能设计,不管是小微企业,街边的摊贩还是个人都可拥有自己的品牌,这是智能设计所带来的普惠价值。

至此,"水母智能"让我所想象的"设计应该更加普惠"变成可能,"让每个人享受设计的美好"理想得以实现。

我们坚信,每一次创造都是一次价值的再造,让每个人都能够享受设计的美好。

智能美学的未来,是非常值得期待的。

— 第二节 —

NFT 艺术之美

2021年7月,网络上出现了一张新闻图片,迅速爆火。

在这张图片中,一位来自四川黑水的藏族妇女正在搬运着从新疆转运而来的"矿机"(计算机通过算力获得比特币的过程被称为"挖矿")。她身穿藏袍,包裹着头巾,而她手里握着的不是一把麦穗或花束,而是一把电源线。

这张照片出自财新周刊的报道《中国告别比特币"挖矿"》。边远地区民众与区块链科技的巨大反差,让这幅作品充满了艺术的张力,宏大的时代变迁意蕴被融入了镜头,这张照片不仅拥有信息价值,其艺术性也同样出众。

在网友纷纷感叹这幅"世界名画"的同时,另一条评论也被网友赞上了热门:"这张照片能在NFT专场卖10万美元"。

在照片发出之后不久,一幅改编版的图片就出现在NFT交易平台上，其叫价高达 2021 ETH（410 万美元）。另外还有消息称，已经有人开始接洽照片的拍摄者，并称要将其所有的照片作品都包装为 NFT 艺术品。

虽然各种消息让人们难辨真假，但可以肯定的是，这张照片让区块链世界的另一个概念——NFT 再一次进入了公众的视野。

正如同前几年比特币的风靡程度，在众多相关新闻的报道下，越来越多的人想知道到底什么是 NFT。"你知道什么是 NFT 吗？"大家迫切地需要解答。

NFT 与比特币、以太币等虚拟货币一样，同样依靠区块链进行交易。但 NFT 代币的最大特点在于其唯一性——"非同质化"，即每一块 NFT 都是独一无二、不可替换的，人们可以将特殊资产绑定在 NFT 上，让许多物品成为一种数字化抽象物，变成其所有者的"数字资产"。

NFT 也经常与艺术结合，越来越多的人开始投入 NFT 艺术创作。而唯一性和所有权的确定性，更是让 NFT 艺术有了一定的收藏价值。

当 NFT 遇上艺术品，会有怎样的效果？一张图片、一首歌曲、一段视频，甚至是一个头像都可以与计算机的一串代码"擦出火花"，从而导致其身价发生几何倍数的暴涨，突破现实世界的认知。

NFT与艺术品原画或者孤本的独家所有权一样，所以NFT在数字世界中的"独一无二"资产在艺术品交易市场被迅速运用，尤其是2021年3月11日美国加密艺术家Beeple的作品 *Everydays：The First 5 000 Days* 在佳士得以6934万美元的拍卖价成交，震惊艺术圈，开启数字艺术藏品新纪元的同时，也让NFT艺术受到更多人关注。

随之2021年12月NFT艺术家Pak的作品 *Merge* 在一场拍卖会中售出了266 445个NFT，总成交价为9180万美元，Pak成为有史以来销量最高的数字艺术家，也创造了在世艺术家公开出售一件艺术品所产生收入的世界纪录。

2021年以来，很多的明星、流量大V、知名企业也嗅到了其中商机，打造和推出他们自己的NFT产品，可以看得出，数字艺术品俨然成为NFT落地最快的应用场景之一。

当"万物皆可NFT"的场景出现，这一串连接虚拟与现实的"神秘代码"，会成为通往元宇宙世界的关键密钥吗？

我们都知道，随着时间的推移，互联网与数字技术已经从根本上扩展和改变了人类体验的方式。对我们许多人来说，当下数字空间已是我们生活、工作、玩耍和创造的地方。

所以，元宇宙为我们提供和展现的，其实是源于现实而又不同于现实的虚拟宇宙。这些虚拟空间中的群体聚集，产生了一种与现实生活相关联的、数字化的线上新生态,是一种线上新生活。所有现实世界中的人,在数字网链世界中都可以有一个网络"分身"。这个身份是真正属于用户自身的一个虚拟ID,是每个用户参与线上虚拟社交、游戏、经济活动和资产配置的一个必要身份。这也昭示,往常存在于《雪崩》等科幻小说中的主题概念,正在逐步出现在我们的现实生活里。互联网的下一次迭代已开始出现,接下来,一个新的世界成为可能——进入元宇宙时代。

1992年,美国著名科幻作家尼尔·斯蒂芬森在他的小说《雪崩》中提到了一个平行于现实世界的网络世界,称其为"元界",英文原著中叫"Metaverse"。在这里,人们用数字化身在一个大型多人虚拟世界中聚集并互动。而在2018年,由斯皮尔伯格执导的科幻电影《头号玩家》,则被认为是目前最符合《雪崩》中描述的"元宇宙"形态。2021年被认为是元宇宙爆发的"元年",区块链技术NFT与元宇宙结合后这一概念升级为2.0版本,被认为是互联网开启Web 3.0时代的前奏。

元宇宙是一个既映射现实世界又独立于现实世界的虚拟空间。它基于互联网而生,是与现实世界相互打通、平行存在的虚拟世界。互联网将由2D图形界面时代进入3D数字虚拟时代。随着它的发展,元宇宙将通过强调集体所有权、社区支持和去中心化经济以及产生广泛的新型数字原生资产、空间和体验，重塑我们对互联网的看法。

在今天，元宇宙被用来描述一个新兴的共享数字空间，它不是一家独大的封闭宇宙，而是由无数个虚拟世界、无数个数字内容共同交织组成的，不断碰撞并膨胀出的一个巨大的数字宇宙。它为人类创造并提供了一个具有无限可能性的未来方向，正在塑造一种强有力的社会共识——人类将成为数字物种，现实世界中真实的个体与虚拟世界中的数字个体同时存在。因此，由社交网络、在线游戏升级的元宇宙不再仅仅是真实世界的工具或附庸，而是可以让人类安放心智和精神的另一个奇幻世界。

NFT的快速破圈，元宇宙和NFT共生共荣的这一深层关系也逐渐得到大众的认可和支持：元宇宙可以为用户提供丰富的消费内容，NFT可以给数字资产锚定相应的价值，产生真正的数字经济体系，可以让元宇宙这个"平行世界"真正地运作起来。

关于NFT和元宇宙的关系和结合，令人兴奋的不仅是它们在技术层面上的构建，一个成熟的元宇宙能够让用户去完成一切和现实世界一样的社交、娱乐等属性的活动，这体现了它有着改变现实世界中现有社交方式、生活方式的巨大潜力。

2021年，在国外的艺术领域就已经开始掀起了这一股NFT热，并持续热烈至今，而在近期，国内的NFT领域也开始备受关注，例如腾讯、阿里巴巴等企业纷纷下场，显然，NFT 在当下的商业领域炙手可热。

NFT 拍卖、NFT 盲盒、各式加密艺术展，打开电视、网络等资讯平台，人们几乎每天都可以刷到一篇与 NFT 相关的新闻或文章。也正是被纷繁的消息驱赶着，人们也开始关注这个热词、这个新兴领域，并将其热度又推向了一个又一个高潮。

如果说可以将比特币、以太币等同质化代币比作钞票，那 NFT 更像是一件艺术品的原件。

也是因为凭借着这种特性，NFT 在艺术领域得到了非常广泛的应用，诸多数字艺术品开始选择与 NFT 绑定。

究其发展过程，NFT 艺术的起源很可能是在 2017 年。

在 2017 年，Larva Labs 公司开发了一款像素头像生成器，它可以生成约 1 万个各式各样的像素头像，带着"朋克"精神的期许，这一头像系列被命名为 CryptoPunks，意为"加密朋克"。

2017 年正值以太坊火热发展之际，Larva Labs 将 Crypto-Punks 头像挂上区块链，并赋予其流转收藏的价值。

这为 NFT 的诞生提供了契机。

同年，由于受到 CryptoPunks 的影响，一家名为 Crypto Cats 的公司推出了一款名为"密码猫"（CryptoKitties）的游戏，在这个游戏中，玩家们可以通过一串代码创造出一只"密码猫"

的数字形象,并且他们创造的每一只猫都是独一无二的,同时这些密码猫的所有权也都被存储在了以太坊上。"密码猫"被认为是NFT代币的滥觞。

2017年底,以太坊ERC-721协议(非同质化代币的编程标准)诞生,NFT也随之出现了。

2021年,经过了将近4年的发展演变,在艺术领域,NFT终于迎来了它的"爆发"。NFT的每次高流量曝光都像是行为艺术。

2021年3月,数字视觉艺术家Beeple的一套NFT艺术品——*Everydays:The First 5 000 Days* 被高价竞拍,由此,NFT艺术也开始光速出圈。

同样在2021年3月,另外一则新闻让人们看到了NFT艺术所具有的巨大商业潜力。

有一位著名的街头艺术家,名叫Banksy,他创作的《白痴》(*Mornos*)被以9.5万美元的价格买下。随后购买者直播烧毁了画作,并将其NFT版本挂上NFT交易平台OpenSea。而最终,*Mornos* 的NFT版本被以其原价格的4倍售出,约合人民币247万元。

在此之后,越来越多的艺术家开始试水NFT这个领域。他们将自己的艺术作品进行铸币,使其成为一件件NFT艺术品,将其发行于一级市场,如果有人买下了该NFT艺术品,很有可能还会进入二级市场的各种平台,再一次进行流通,而在每一次交易中,艺术家都可以凭此来获利。

现在海外最热门的几个 NFT 交易平台几乎都基于公链以太坊,比如 OpenSea、Rarible、Foundation,有的平台准入门槛较低,有的则实行邀请制,但"铸币"都需要缴纳至少 50 美元的费用,收藏者们也都可以在这些平台上进行 NFT 交易,但同样会收取较高的手续费。

除此之外,还有许多基于其他公链的交易平台,大大小小,不计其数,其中大部分平台的手续费较低,吸引了众多不知名的艺术创作者。

当然,为 NFT "蠢蠢欲动"的不只有艺术家,目前,很多明星、知名企业、机构、品牌也开始下场。在 2021 年初的市场被点燃后,NBA、Gucci、推特、VISA 等机构、公司相继开始收藏、推出 NFT 产品,从球星卡到虚拟时装,甚至是几个字符,都能在 NFT 市场掀起热潮。NBA 球星卡盲盒已经成了当下 NFT 收藏品中的"顶级"商品,交易额达到 5 亿美元以上。各式虚拟时装也备受关注,多件 NFT 潮鞋、服装在市场上被卖出了高价。

NFT 艺术的边界还在继续拓宽,早期的 NFT 作品可能只是一张 JPEG 图片,而现如今已经与音频、电影、游戏等多个领域接轨,NFT 礼物、NFT 盲盒等众多形式都开始发展起来。

从商业的角度来看，NFT艺术存在着无限的可能和巨大的发展潜力，许许多多的"小艺术家"开始通过NFT崭露头角，还有人甚至因此而一夜暴富。与此同时，各式各样的平台也都发展迅速，蒸蒸日上，其交易的总额也在不断地扩大。

相较于海外，国内的NFT发展稍显滞后，但是当下仍然赶上了NFT这股热潮。

阿里巴巴可能是"第一个吃螃蟹的人"。2021年5月，支付宝相继推出了与敦煌美术研究所、《刺客五六七》的联名款NFT付款码皮肤，开始了NFT的尝试。与此同时，阿里巴巴还推出NFT数字艺术的专场，并正式宣告入局NFT产业。到目前为止，蚂蚁集团已经售出将近8000个限量版的NFT。

同时，IP也是国内NFT发展的重要动力。《白蛇2：青蛇劫起》上映之后，阿里巴巴旗下的潮玩品牌《锦鲤拿趣》同步推出了相关的NFT付款码皮肤，上线之后，8万份NFT迅速售罄。

同时，借助IP进军NFT领域的还有腾讯。2021年8月初，腾讯正式宣布发行300件"十三邀黑胶唱片NFT"，承载平台为腾讯旗下的NFT交易平台"幻核"App。

微博也推出了NFT交易平台"TopHolder（头号藏家）"，于2021年8月初内测上线。"微博NFT作品""拍卖自己的第一条微博"各种话题频出，引起了广泛关注。

另外，NFT 在国内的音乐领域也"大放异彩"。

明星歌手相继推出了自己的 NFT 唱片、专辑等，多家音乐版权平台也宣布推出了自己的 NFT 板块，或者已经与 NFT 平台达成合作。

正是由于 NFT 艺术品的"唯一性"，为 IP、版权等的保护问题提供了很好的解决方案：艺术品上链后，通过不容更改、永恒存在的区块链，唯一性得以永久留存。

除了国内各个大厂推出的 NFT 平台，我们还注意到了国内的一些小型 NFT 平台，"薄盒"即是其中的一个。与阿里巴巴、腾讯等大厂一样，"薄盒"将 NFT 解释为一种"数字藏品"，并将自己定义为"数字潮玩收藏平台"。

"薄盒"平台可以通过微信登录，并定期与各领域的数字艺术家及加密艺术创作者进行合作，艺术家们也可以通过平台上线自己的 NFT 艺术品，并进行发售。目前平台还处于起步阶段，它的数字藏品以盲盒为主。

2021 年 8 月 13 日，七夕前夜，"薄盒"平台上线了国内加密艺术家宋婷的 NFT 作品《诗笺 花非花》盲盒"，盲盒中包含了 99 朵 AI 玫瑰，开启盲盒将会随机获得一朵 AI 玫瑰，并获取专属于这朵花的一首情诗。生动有趣的形式，引起了大量的关注和用户参与。2021 年 8 月 13 日晚，《诗笺 花非花》盲盒上线仅仅 20 分钟，99 份 AI 玫瑰便全部售罄。

盲盒详情页里这样介绍："我们希望 AI 玫瑰的购买者可以用这样的方式，将物理世界中珍贵的情爱，寄托在不可篡改、不可复制的区块链上，永恒镌记。"就如同现实世界里那昂贵的"永生花"一样，只需要花费 299 元人民币，你就能获得一朵"永恒"的数字玫瑰，而且这朵玫瑰不能进行交易，只能赠送，这是一份"专属于您的爱"。

"薄盒"的流量并不算高，盲盒受欢迎可能是因为创作者——加密艺术家宋婷。宋婷只有 25 岁，她是国内目前最具代表性的加密艺术家之一，是 2020 年中国 NFT 艺术品拍卖的纪录保持者。2021 年 5 月 20 日，她的一幅 NFT 作品在中国嘉德拍卖行以 66.7 万元成交，这也开了嘉德 NFT 艺术品拍卖的先河。

我作为元宇宙 AI 艺术家，本生的我创造了野生的我，野生的我构建了元生的我，自由与野生是如花的底蕴，表达的是一种自由自在的元生状态，在我自己的平行元宇宙世界里生长。我希望每一个看到作品的人都有能进入到身、心、灵、体的"在野"中，去超越，去实现，去寻找元宇宙世界里的另一个自己。

我创作了《如花在野·花园》系列 NFT 艺术作品，如花的形象是我内心的另一个自己，不屑的同时，野蛮生长，她没有鼻子、耳朵、嘴巴，只有眼睛，眼睛是她了解这个世界的窗口，并用头发去感知，去与世界对话，这是一种超越现实、超脱空间与时间的状态。如花在元宇宙世界里，有无数化身，在不同平行宇宙来回穿梭，与大海对话、与太空对话、与自然对话，相通相融，实现完全自由，这也创造了一种独特的如花美学世界，在如花的世界里，万物如花，自在开放。

如花致敬梵高，表现了"如花在野"的梵高世界。我用梵高的表现风格对如花和场景进行塑造，用星云流动的笔触表现出梵高创作的宁静内心与画面律动，用热烈的色彩去致敬梵高一生在苦难中挣扎却依然对生活充满热爱。我的画面通过如花和如花的好朋友如花宝宝，在梵高的世界里自在畅游，画中的如花就像另一个重生的自己，热烈而自由，充满想象力。在如花的世界里向梵高致敬，向大师致敬，万物如花，梵高如花。

首款数字艺术藏品《如花在野》所选作品

我通过数字技术手段再次创作，采用超平面艺术风格创造如花世界，如花万物，人人如花。在技术的加持下，如花可以变得无限多变。

我的首款数字艺术藏品《如花在野》也于 2022 年 1 月 14 日亮相视觉中国旗下视觉艺术数字藏品交易平台——"元视觉"，发布 1 分钟内成交 6 500 幅 NFT 艺术作品，实现了 30 多万元艺术消费流通。

此外，我尝试将如花形象与红酒结合，NFT 的不可复制性和稀缺性为其赋予了较为可观的收藏价值。《如花在野·奥妙若兰 No.1》系列作品由洛可可珊瑚创品与奥兰酒庄合作，是全球首发的元宇宙数字葡萄酒藏品。2022 年 1 月 15 日通过 cocafe 平台拍卖 1 天，有 119 名竞拍者在线自行出价竞拍，最终以 30 098 元落槌。联名如花在野发布的 NFT，在融入充满艺术感与趣味性的 IP 并充分激发 IP 价值的同时，更是一次酒类产品 NFT 化的创新尝试。

我认为如花"X"眉代表了未知、未来、无限可能。如花的眼睛也是如花元宇宙世界的入口。我用金色质地的酒瓶搭配元宇宙入口的如花眼，配以当下潮流的超扁平风格如花，高雅与潮流随之而来。如花眼神的动态，一颦一态尽显灵动。

第三章　元宇宙创作之美

如花与奥兰合作的红酒系列

2022年2月14日和15日，恰逢"情人节""元宵节"双节，我将"如花在野"与无人机表演数字化商业应用企业千机秀进行了全新的天空艺术展示，并同步发布了全球首批低空元宇宙数字藏品——《如花回首，万家灯火》《如花在海，年年有鱼》《如花花园，千朵玫瑰》及《如花在雪，冬奥绽放》。它们在广州的夜空中绽放，与灯火通明的广州塔一天一地，交相呼应，形成独特的天空艺术，以现代科技将穿越了千年的浪漫与情感重新演绎，表达着万物如花、自在而开的美好祝愿。此外，本次元宇宙数字藏品在支付宝超维空间上线发售也几乎秒罄，这或许向大众提供了一个低空领域元宇宙成为现实的可能性范本。

如花干机作品

我们可以看到，NFT艺术为艺术创作者带来了更多的机会，提供了更好的展示平台，优质、有趣的NFT作品能为他们带来更多的曝光和流量，整个NFT市场的上扬趋势也让艺术的变现之路变得更加便捷和通畅。只要把自己的作品铸币挂链，就会获得营收的机会。

"正像物理社会中资产凭证的重要性一样，元宇宙生态也具有大量数字化资产，需要资产凭证来促进元宇宙经济循环。"数字化资产凭证是元宇宙生态的关键要素，而NFT可以成为元宇宙中数字化资产凭证的一种表现形式，并且将随着元宇宙的发展逐步演进。

随着元宇宙概念被持续热炒，市场看到了NFT的商业机会。在一些行业人士看来，元宇宙为NFT提供了更加多元的应用场景，NFT将成为实现虚拟物品数字资产化和流通交易的重要工具。

当然，NFT的发展需要正确的引导，若能脱虚向实，可以有进一步的发展；而如果只是一味地陷在当前的虚拟资产中，那炒作一阵风之后自然也就消寂了。

我们不应反对加密艺术作为一种创造性的表达方式，这种表达方式可以被无限复制，很容易下载，也很容易在区块链上盈利。同时也赞赏让艺术家拥有自身作品代理权交易环节的永久回报，以及赋予他们作品价值的可编程稀缺性。全球连接的数字市场结合了画廊、博物馆、拍卖行和社交平台的功能，这是有效的，甚至是健康的。同样值得称赞的是，这个生态系统将艺术交易从神秘的被半遮蔽的巨型画廊中带到了一个更为开放透明的社区化数字平台。

然而我们同样应该有理由担心对数字艺术作品的遴选过程和艺术价值的判断，在没有艺术史家、艺术评论人或策展人的情况下，什么能代替训练有素的眼光？在Instagram的社交信息流上，购买加密艺术的收藏家可能暂时仍无法摆脱其影响者的影响，这些影响者是对流行比对质量更感兴趣的加密货币爱好者。或许数字艺术在元宇宙的未来情境下，已经打破了传统艺术世界相对中心化的评价体系，那么又当如何建立一种多元开放、去中心化的价值共识？这仍需要时间。

— 第三节 —

电影之美

电影艺术来源于生活又高于生活,人类对科技发展、未知探索、未来世界的很多想象都可以体现在电影剧情中体现。反过来,当科技发展到一定程度、未知得到一定探索、过去的未来世界已经到来的时候,这些东西必然又会反作用到电影中。

在《雪崩》中,作者斯蒂芬森描述了一个荒诞的赛博朋克世界,目的是让人们注意到资本主义与无管控的科技进步所带来的一系列问题。从此,"元宇宙"的概念出现,也为人们打开了一扇通往新世界的大门。

《雪崩》中的魔幻现实似乎正在今天上演,互联网巨头垄断的数字经济成为现实世界的主导,新冠肺炎疫情正在全球范围内蔓延,"元宇宙"作为平行于现实的虚拟概念正席卷全球。

在这之后,一系列有关现实世界与平行虚拟网络世界的概念迅速被作家们采用,并且沿用了作家斯蒂芬森对其的称呼,即"元宇宙"。

但是在此之前,就有与"元宇宙元素"相关的电影了。

让我们来回顾几部具有元宇宙元素的电影,感受电影里的元力之美:

1968 年:《2001:太空漫游》

1982 年:《电子世界争霸战》

1990 年:《全面回忆》

1995 年:《末世纪暴潮》

1998 年:《移魂都市》

1999 年:《黑客帝国》《异次元骇客》《感官游戏》

2000 年:《入侵脑细胞》

2001 年:《人工智能》

2002 年:《少数派报告》

2004 年:《蝴蝶效应》

2008 年:《机器人总动员》《钢铁侠》

2009 年:《阿凡达》《夏日大作战》

2010 年:《盗梦空间》《创:战纪》

2012 年:《无敌破坏王》

2013 年:《她》

2014 年:《星际穿越》《超体》《致命录像带 3：病毒》

2018 年:《头号玩家》

2021 年:《失控玩家》

《2001：太空漫游》(1968)，导演：斯坦利·库布里克，编剧：亚瑟·克拉克、斯坦利·库布里克。2001 年，人类开始木星登陆计划，片中主人公在环绕地球的空间站上使用视频通话技术与家人联系。这是最早呈现视频通话概念的影片。

《电子世界争霸战》(1982)，导演：史蒂文·利斯伯吉尔，编剧：邦尼·麦克伯德、史蒂文·利斯伯吉尔。片中主人翁进入自己开发的游戏中，而且必须找到破解游戏的方法才能回到现实世界。这是第一部赛博空间题材电影。

《全面回忆》(1990)，导演：保罗·范霍文，编剧：菲利普·迪克、罗纳德·舒塞特等。影片中主人公通过回忆旅行公司，开启了虚拟之旅。开始出现虚拟与现实结合的剧情。

《末世纪暴潮》(1995)，导演：凯瑟琳·毕格罗，编剧：詹姆斯·卡梅隆、杰伊·考克斯。影片中对一个人的感官体验进行记录，而其他人可以重复其体验，描绘了沉浸式体验技术。

《移魂都市》(1998)，导演：亚历克斯·普罗亚斯，编剧：

亚历克斯·普罗亚斯、莱姆·多布斯。片中外星人通过抽取和修改人类的记忆，创造出虚假的人类社会，进而研究人类。这部影片描绘了虚拟世界，提出了对虚拟世界技术带来的道德伦理思考。从这几部影片中可以看到人类对虚拟世界技术的追求。

《黑客帝国》（1999），导演：莉莉·沃卓斯基、拉娜·沃卓斯基，编剧：莉莉·沃卓斯基、拉娜·沃卓斯基。影片讲述了网络黑客发现现实世界实际上是由人工智能系统操控的，于是开启反控制之旅。影片中描绘了较为全面成熟的元宇宙世界，并提出了虚拟与现实、虚拟世界管理等问题。

《异次元骇客》（1999），导演：约瑟夫·鲁斯纳克，编剧：丹尼尔·F.加卢耶、约瑟夫·鲁斯纳克。主人公用计算机模拟出一个虚拟的世界，并通过计算机进入这个虚拟世界，可以往返于现实与虚拟世界之间。片中的虚拟与现实世界切换便是元宇宙数字孪生的体验场景。

《感官游戏》（1999），导演：大卫·柯南伯格，编剧：大卫·柯南伯格。此片与《异次元骇客》相似，讲述虚拟与现实世界，不过本片中的两个世界界限变得模糊，本片凸显了沉浸感。

《入侵脑细胞》（2000），导演：塔西姆·辛，编剧：马克·波托塞维奇。片中主人公通过技术手段进入犯罪嫌疑人的大脑，援救受害者，本片从精神层面展开对虚拟与现实世界的描绘。这几部影片开始探索虚拟与现实世界的切换与应用可能。

《人工智能》(2001)，导演：史蒂文·斯皮尔伯格，编剧：布莱恩·奥尔迪斯、伊恩·沃森。影片讲述人类科技已经高度发达，人工智能机器人拥有感知和情感程序。

史蒂文·斯皮尔伯格的另一部影片《少数派报告》(2002)，编剧：斯科特·弗兰克、乔恩·科恩等。影片描述人类发明了能够侦测脑电波的机器人。影片丰富的虚拟操作界面为UI交互提供了素材。

《蝴蝶效应》(2004)，导演：埃里克·布雷斯、J.麦基·格鲁伯，编剧：J.麦基·格鲁伯、埃里克·布雷斯。片中主人公通过意识实现时空穿越。

《机器人总动员》(2008)，导演：安德鲁·斯坦顿，编剧：安德鲁·斯坦顿、吉姆·里尔顿等。片中讲述机器人形成了自己的意识。

《钢铁侠》(2008)，导演：乔恩·费儒，编剧：阿特·马库姆、马特·霍洛维。片中大量出现人工智能、AR、VR的现实应用，展现了人类的智能时代应用场景。这几部影片展现了人工智能的应用场景。

《阿凡达》(2009)，导演：詹姆斯·卡梅隆，编剧：詹姆斯·卡梅隆。片中主人公通过神经元系统可以阿凡达的形态在潘多拉星球活动。影片描绘出元宇宙世界"分身"概念。

《夏日大作战》(2009），导演：细田守，编剧：奥寺佐渡子。片中主人公使虚拟与现实世界之间产生联系，实现虚拟与现实世界的交互。这也正是元宇宙世界所构建的场景。

《盗梦空间》(2010），导演：克里斯托弗·诺兰，编剧：克里斯托弗·诺兰。影片主人公通过进入他人意识改变其在现实中的行为，是对虚拟与现实关联性的一种想象，也是对元宇宙的多重空间的理解与展现。

《创：战纪》(2010），导演：约瑟夫·科辛斯基，编剧：亚当·霍罗威茨、布赖恩·克卢格曼等。影片主人公被数字化，虚拟与现实融合，进一步展现沉浸式、游戏式的元宇宙场景。

《无敌破坏王》(2012），导演：瑞奇·摩尔，编剧：菲尔·约翰斯顿、珍妮弗·李等。片中所描绘的游戏，进一步展现了对元宇宙世界的无限想象。

《她》(2013），导演：斯派克·琼斯，编剧：斯派克·琼斯。影片讲述人类与人工智能系统之间的爱情故事，影片从科幻片的另一个更贴近日常生活的视角探讨人机关系，进一步为元宇宙时代的人机关系提供了新的思考角度。这几部影片进一步探索了元宇宙时代可能会出现的具体场景。

《星际穿越》(2014），导演：克里斯托弗·诺兰，编剧：乔纳森·诺兰、克里斯托弗·诺兰。影片讲述了平行宇宙，这是对元宇宙概念的一种解释方式。

《超体》(2014)，导演：吕克·贝松，编剧：吕克·贝松。影片主人公用药物激发大脑潜力并进化，大脑100%苏醒可以瞬间吸收知识，对搭建元宇宙提供了更大想象空间。

《致命录像带3：病毒》(2014)，导演：那奇欧·维加隆多、格雷戈·毕晓普等，编剧：贾斯汀·本森、格雷戈·毕晓普等。片中制造出了连通平行宇宙的大门，可以和另一个世界的自己交换空间，为元宇宙沉浸式体验拓展了一种场景，同时也启示对于元宇宙领域的"病毒"性思考。这几部影片在相对完整的元宇宙世界里展开进一步的想象和解释。

《头号玩家》(2018)，导演：史蒂文·斯皮尔伯格，编剧：扎克·佩恩、恩斯特·克莱恩。片中人戴上VR设备便可以进入虚拟世界，拥有次元角色，完成在现实世界不可能完成的任务。本片不管从技术还是场景更贴近元宇宙概念，展现一个元宇宙世界人类生活的场景。

《失控玩家》(2021)，导演：肖恩·利维，编剧：马特·利伯曼、扎克·佩恩。影片以沉浸式游戏的视角展现元宇宙应具备的雏形和元素，以及去中心化对于元宇宙的意义。这两部影片是结合当下技术对元宇宙场景提出新的想象。

以上电影无论是技术、概念，还是道德、伦理方面，或多或少都对当时的人们思考"元宇宙元素"，产生了一定的引导。而元宇宙概念的成熟和定型，是由其中的几部科幻电影发展而来的。

1982年由史蒂文·利斯伯吉尔执导的《电子世界争霸战》可能是最早的一部反映元宇宙的电影。

1999年《黑客帝国》上映，让元宇宙在科幻电影中站稳了脚跟。令人惊讶的脑洞、数字人的出现，让这部电影呈现异常火爆的景象，从此也让元宇宙逐渐在电影行业中站稳脚跟。在这之后出现的《阿凡达》《盗梦空间》等都非常不错，并吸引了大量观众，成为被高度认可的元宇宙电影。

"元宇宙"这一概念逐渐走进大众的视野，被大众所熟知，应该是在电影《头号玩家》上映之后。《头号玩家》这部电影描述了一个名为"绿洲"的虚拟世界。2045年，现实世界正处于崩溃的边缘，人们开始将希望寄托于"绿洲"，在那里，人们只需要佩戴上VR头盔，就可以凭借一个完全不同于现实世界真实身份的虚拟身份，进入一个虚拟的世界中，进行不一样的人生体验。

除了以玩家视角作为切入点来描绘"元宇宙"及故事剧情走向的电影，还出现了以非玩家角色（NPC）视角的电影，比如《失控玩家》，这部电影讲述的是主角发现自己竟然是大型游戏的 NPC 后，开始揭露游戏厂商老板的阴谋，从而努力拯救"元宇宙"的故事。

我们其实不难发现，在过去众多部涉及"元宇宙"这一概念的电影中，对"元宇宙"的描绘都是极为相似的。用户能快速地进入一个与现实世界完全不同，却又与现实世界一样，需要遵守自定义规则的秩序，并且人们获得的沉浸式体验感极强。进入虚拟世界之后，人们便会拥有一个不同于真实世界的全新身份。

与科幻电影一样，元宇宙公司致力于打造一个类似《头号玩家》中的虚拟世界，"元宇宙"只是一个平台，它本身不会生产任何东西，所有的"内容"均由参与的用户自己去创造，从而形成一个真正的虚拟社会。但以现在的技术水平，几乎还不可能做到，"元宇宙"虽然拥有无限可能，但路途依旧遥远。

扎克伯格曾说："元宇宙的落地，需要 10~15 年的时间。"事实可能确实如此，也可能需要比这更长的时间。目前所有科技公司能够做的，就是以"元宇宙"作为战略大方向，去努力完善自己的产品，共同打造元宇宙的产品矩阵。

不过就长期趋势来看，元宇宙所能带来的更深度和沉浸的体验是一种革命性的变化，它肯定区别于现阶段所有次世代主机平台上 3A 大作带给玩家的震撼。即使再不看好它在中短期发展的研究者，也不能回避它将对多个行业带来的冲击和挑战，这一点也会从多方面去波及电影行业，只不过是这种波及和影响是大是小的问题了。

科幻小说和电影能够成为现代资本主义的重要原动力，这样的观点充满了魔幻现实的味道。针对该观点，朱嘉明教授在《马斯克现象和科幻文学》的主题演讲中剖析互联网巨头创始人的出生年代与成长环境，以及同时期科幻小说的产生和发展，得出以下结论。

第一，自"二战"之后开始的科幻小说、科幻电视和电影的黄金时代，与真实存在的 IT 革命和互联网革命、太空开发存在着直接的历史重合、强烈的相关性和深层的互动。

第二，以科幻小说和科幻电影为主题的科幻艺术，派生出一种科幻文化氛围、一种科幻人文环境、一种比地理环境更为重要的环境，构成了影响和改变科技产业发展的一种深刻和丰富的思想资源，启发了几代人的想象力和追求持续创新的灵感，以及"技术和工程可以解决政治、社会和经济问题"的顽强信念。

的确，我们也不得不承认，元宇宙这一概念，催生出了很多优秀的影视作品，也在促进科幻和硬件进一步地提升。

中国目前已经是全球移动互联网做得很好的国家之一，想必所有中国人都已经深切地感受到了移动互联网给我们带来的诸多便利和惊喜，而毫无疑问，这些都脱离不了强大的互联网的基础建设，或许这也是目前众多互联网公司敢于试探和布局元宇宙的原因和基础。

但现阶段我们直接去谈论元宇宙的实际应用显然太过超前和牵强，毕竟对大部分中国人来说它还只停留在概念中，更多的人对此知之甚少，甚至完全不了解其到底为何物，其中还包括很多平日里极少去接触和了解游戏的"萌新"和"小白"。

不过影视普及和推广的力度显然是巨大的，甚至要比游戏更为有效。尽管从直观的数据上来看，中国内地现阶段的游戏玩家远比电影观众更为普遍，但仅从能否"破圈"的角度来看，电影显然会做得更好。

我们始终相信，科技的发展和电影的进步一定是相辅相成、相互促进的，同时双方在现阶段的中国电影产业体系中，也都无法摆脱对对方的依赖，很多科技的研发目标虽然表面上要服务其他行业，但最终也都会作用到电影行业上。与此同时，电影行业很多时候也会借助于这些技术的发展和进步，反过来给观众提供更好的观影体验。

元宇宙如果想取得一定的立足点，就要先让更多人认识和了解它，正如我们看过《星际穿越》后，就对星际旅行有了更清晰的认识，也产生了更浓厚的兴趣；因为看过《流浪地球》，所以对宇宙科技有了初步的认识，产生了更大的好奇心和探索欲。所有这些人们通过其他任何载体都是很难直接获得的。

其实中国对于科幻题材的电影创造，从内容和种类来看仍然不够丰富，更多的还是停留在对单一品牌、单一IP和单一类型的依赖上，而且像"虚拟现实""深度体验"等题材仍旧较少提及和触碰。

从目前国内对于元宇宙投入和研发意愿最大的两个公司来看，腾讯和字节跳动在资金方面应该没有问题，但仅从单一角度出发肯定是非常困难的，好在这两家公司也都有较强烈的投资电影和发展文化产业的意愿。

国内的影视公司可以联手互联网科技公司，从题材方面入手，开发与元宇宙相关的影视项目，与动辄几十亿元乃至几百亿元的元宇宙项目研发投入相比肯定是划算的，毕竟凭空去构架元宇宙的概念远不及一部电影来得更有"说服力"。

很多当代电影大师的启蒙影片是《2001：太空漫游》(1968)和《星球大战》(1977)，这也是很多一流科技大师进入科学殿堂的入门作品，或许这是对元宇宙、中国电影行业的一个不错的启示。

我们需要认识到，元宇宙的出现是多种科技、多个行业协作的结果，站在电影行业的角度看，我们只有摒弃传统思维，主动与其他行业加强沟通协作，才能跟上全球科技发展的步伐，才有弯道超车的可能。

元宇宙元素相关电影

在不久的将来，随着数字虚拟技术和通信技术的革新，电影行业的商业模式，电影产品的发行手段、服务方式、产业格局都会高速演进。在这个过程中，挑战和机遇也将不断涌现。毫无疑问，电影行业应该积极运用高新技术，以科技带动发展，让技术进步成为电影的产品研发能力和运营服务能力的内生动力。

电影情节和技术源于本宇宙，又高于本宇宙，是人类对于哲科之美的强烈追求。从元力视角来看，人类不同时代的感知力、认知力、创造力、想象力不同，不同时期的艺术追求和哲科之美追求也不同，但是都离不开人类对于未来世界探索与想象的元力之美，对美的追求与科技的发展形成天然强关联。当元宇宙成为生产力工具，而不仅是娱乐工具，并且不只是被少数人使用，才能真正帮助人类降低生活成本，让人类的生活更加美好。

— 第四节 —

游戏之美

"元宇宙"一词如同一股强劲的龙卷风,席卷了整个科技圈,资本市场也深受其影响。一些游戏公司更是靠着元宇宙的概念推动股价大涨。

提到元宇宙,相信不少人都会立刻联想到游戏,当下很多涉及元宇宙的新闻也确实都跟游戏相关。就目前情况来看,游戏可以说是元宇宙的一个雏形,元宇宙也为游戏的内容创作带来了更多创新与惊喜,就像电影《头号玩家》一样,可以极大地满足用户的体验感,所以近期各大厂也纷纷开始布局元宇宙概念。

比如,第一个把元宇宙写进招股说明书的 Roblox,是一款兼容了虚拟世界、休闲游戏和自建内容的游戏。

Roblox 也被一些人视为"元宇宙"的初级形态。在该游戏中，我们拥有一个三维虚拟化身的形象，在一个模拟的三维物理世界中沉浸式漫游和实时互动，并与参与游戏的其他玩家交流。同时，我们不仅可以体验到其他玩家制作的 1 800 万款游戏，也可以自己创作游戏。我们可以随时随地通过手机和 PC 等设备登录这个虚拟世界，使用可与美元兑换的虚拟货币 Robux 消费或获得创作收益，并在其中自由探索这个拥有 4 210 万日活用户的庞大游戏世界。

除了 Roblox，还有一些游戏接近元宇宙的设计理念。

比如《魔兽世界》和《星战前夜》，这两款游戏都提供了实时演算的庞大世界和丰富"奇观"，以及复杂的经济系统。

《第二人生》和《我的世界》两款游戏也较为接近元宇宙的概念。其中《第二人生》提供了可兑换美元的虚拟货币 Linden Dollar 和相应的开放式经济系统，并提供"创造—消费"循环。玩家可以自己创造虚拟建筑、风景、交通工具、家具、机器等虚拟实物。

所以，我们就可以定义游戏就是元宇宙的初级形态，元宇宙就是更高级版的游戏吗？

这里我们想说，元宇宙不等于游戏，而游戏是元宇宙更好的体现方式。

那么元宇宙中的游戏世界，美在哪儿？

元宇宙力

一、自由之美

在元宇宙的游戏中，玩家可以尽情扩展感知力，尤其是感受他们所追求的自由之美。

盛行于本宇宙中的传统游戏，玩家需要以一个昵称、账号来进行各种互联网上的活动，这些信息与现实世界里的身份是密不可分的，其数据也都被存储在中心化服务器上，而玩家所有的游戏成果，对他们来说都可以进行任意修改。

而在这里，不同于本宇宙中的游戏需要进行注册、认证等烦琐程序，元宇宙的用户以某个数字身份进入游戏中，便可直接开始。

玩家身份是完全虚拟的，这个虚拟的数字身份不是简单地把现实世界中的你包装成另一个人，也不是出于现实世界中某种需求和目的，比如购物、社交等，才特别去建立的角色身份，而是纯粹出于元宇宙这个系统而做出的自由选择。

与此同时，用户的各种隐私信息，游戏是无权得知的。所有的游戏数据，由于是固定在区块链上，游戏也无权修改。也就是说，你的就是你的，游戏的规则只能规定你不能做什么，但不能限制你可以做什么。只要你有想法，有本事，想做什么都可以。

二、创造之美

在元宇宙的游戏中,玩家可以尽情探寻和施展个人蓬勃的创造力。

在传统游戏中,不管是角色扮演游戏,还是更为复杂的开放世界游戏,或者叫漫游式游戏,其本质上都是"中心化"游戏,玩家都处在游戏运营商设定好的规则之中。即使是开放世界游戏,玩家也只是可以选择什么时候去完成任务,以什么样的方式去完成任务,而那个任务是由游戏运营商决定的。

而在这里,游戏体验是"去中心化"的。

没有任何预先设计好的故事情节,没有可供你选择的角色,也没有像游戏通关那样的一个终点。从早期的开荒拓土,到后期建立的各种玩法、定义的规则价值,都是由游戏玩家发挥自己的主观能动性去策划创造的。从这个角度看,元宇宙给玩家充分的自由和丰富的创造性。通过元宇宙的游戏世界实现自己在本宇宙中无法实现的想法,从而来认同自己,也是一种很好的获得存在感的方式。

科技作家克莱夫·汤普森(Clive Thompson)在英文写作平台 Medium 指出,以《我的世界》游戏为例,元宇宙游戏应具备去中心化特征,任何人都可以创造一个元宇宙,保障元宇宙游戏的多元性。

元宇宙游戏构建了一个社区，将虚拟世界和玩家社区结合，此时的玩家不再是单纯的游戏体验者，更是这个社区中的一分子，沉浸感越深，与社区的关联就越强。元宇宙游戏使用户群体间形成一个个稳定的社区，每个玩家都担任着为用户创造内容的工作，不同用户在这些社区中通过生产内容、消费内容、破坏内容等形成强关联，用户的种种行为不再是割裂独立的，社区给予了其社会性的意义，玩家有了共同建设社区的目标。

在元宇宙游戏中，由玩家和开发者共同维护游戏的这种模式完全受市场驱动，玩家和游戏高黏性互动，也将会带来更强的热度和更好的体验。

三、价值之美

在元宇宙的游戏中，人们还可以挣点钱。

元宇宙游戏能够催生大量的经济活动。克莱夫·汤普森指出，《我的世界》中有人建了服务器世界，有些创作者在YouTube平台上吸引了很多粉丝，教授技能实现流量变现。因此在游戏上衍生出了经济活动，进一步促进了游戏社区开发与生态共建。

在人们还弄不清楚什么是元宇宙的时候，一些区块链游戏已经搭载上元宇宙的概念。不少元宇宙概念游戏都已经不再是人民币玩家之间的氪金较量,例如:虽然空间、装备这些交易对象还有游戏常规升级等玩法依然不变,但是交易方式变了。它们和区块链建立起联系,开始指向未来。区块链,也是它们被称为"元宇宙概念"游戏的重要原因。

美国的一款元宇宙小游戏 Sandbox,为用户提供了两种赚钱方式。

第一种方式,平台为用户提供了 166 464 块土地,每块土地都是基于区块链技术生产的独一无二的,都可以进行买卖,也可以像在现实世界中炒房子一样等待地皮升值。这些土地都可以在相关平台进行销售,买卖非常自由。

也就是说,你想卖多少钱,可以任意为其标价,只要你能卖得出去,任何价格都是允许的,不会受到限制。

有很多大型企业,如特斯拉、蓝精灵、迪士尼等,都在平台上购买了土地,用于经营自己企业的产品。

第二种方式,平台提供了一种游戏编辑器,面向所有人开放。你可以使用游戏编辑器,创建任何建筑、动物、环境、游戏等。通过游戏编辑器创造出来的虚拟物品,都可以通过平台销售来获取财富。

如果仅仅定位为虚拟世界的游戏,元宇宙并不会被如此重视,它需要与现实世界相联系,并服务于现实世界,那么最重要的就是需要与经济相连。

比如NFT,不少用户开始在这款概念游戏里购买或者租赁土地,设置陈列室,进行展览和售卖。在这里购买的NFT作品一样可以放到OpenSea上进行二次交易。同时,作为土地的拥有者,一旦创造出有特色的展示空间,租售都会使得土地增值,形成资本良性循环。

在《阿蟹游戏》(Axie Infinity)中,每一个精灵都是一个NFT。这些宠物NFT可以直接转手交易,玩家也可以承担代养宠物的工作,养成后的收益,所有者与代养者可以五五开、六四开、七三开。

正如Axie Infirity背后的团队陀螺科技(Sky Mavis)在白皮书中的引述:"我们相信工作和娱乐合二为一的未来。我们将赋予我们的玩家权力并为他们提供经济机会。"

未来元宇宙在游戏场景中的应用将会是什么样子的?面临着什么样的问题和挑战?我们又该如何描绘其进化之路?

《三体》作者刘慈欣曾有一段著名评论:"人类的面前有两条路,一条向外,通往星辰大海;一条对内,通往虚拟现实。"

现阶段,游戏或许是元宇宙最好的发动机。一方面,游戏作为模拟人类活动的娱乐产品,必须运行在虚拟机中,它对元宇宙的渴求最为迫切；另一方面，元宇宙也需要通过游戏，吸引第一批"宇宙移民"。当元宇宙拥有了足够多的移民，它就不再仅仅提供游戏，还会在这个数字化的世界中去重构现实中的社交、生活乃至经济与社会系统。

元宇宙的本质是一套内容交互系统，它不仅容纳游戏，也可以容纳教育、影视、新闻、娱乐、社交等以内容流为载体的行为。

希望在不久的将来，元宇宙能够构建适宜人类栖居的数字化世界，突破物理世界和人类身体的局限，释放人类的潜能。这个数字化世界包含完备的经济、社会和娱乐系统，并与现实世界深度嵌合，形成强大的相互作用力，并有改变人类社会和人类自身的可能。

第四章 如花世界：一个元宇宙原住民的故事

疗 愈

我刚抑郁一秒

就被你从自己的世界抱出来

捧在手心

你却让我把自己的心焐热

我正要睁大眼睛看着你

你却让我眯起眼睛

好好看看自己

才发现

我竟然被全世界宠爱

元宇宙力

《如花在野》是我的艺术创作,"如花"则是我自己创作出来的自己的分身。自由与野生是如花的底蕴,"在野"表达的是自由、自在的野生状态,以及野蛮生长的思想。希望每一个看到画的人,都有机会进入身、心、灵、体的"在野"中去。在如花的世界里,她以真如之道去畅想一个虚拟的自己与深海、太空、大自然对话,相通相融。这是一种超越现实、超脱时空的状态,在新的元宇宙世界里找到另一个最真的自己。

"如"是不生、不灭、不动、不变,真如无动;

"花"是一花一宇宙,一人一世界,每个人都是一朵花,每个人都有一个如花世界;

"在"是时间的刹那,是专注,是永恒;

"野"是本我与真我在宇宙中野蛮生长,是万物自在而开。

元宇宙里的如花世界,那是一个无限丰富的世界,自由自在;那是一个刹那即永恒、不生不灭的世界;那是一个意识世界与现实世界结合的世界;那是一个精神性的世界。

我们在本宇宙创造物质存在,如花在元宇宙创造意念存在,那是一种世界观,我们称其为元意念。

如花有三生:"本生""野生""元生"。

我在本宇宙世界,是我父母所生,在这个现实世界里,我是想象力设计师,我是洛可可创新设计集团的创始人。如我一

第四章 如花世界：一个元宇宙原住民的故事

样，每个人在本生都有很多真实身份。

作为元宇宙 AI 艺术家，我创造了《如花在野》系列作品，此时便衍生出了我的野生世界，通过这些作品展现我的意识世界，这个世界我还是用人类的习惯在思维，但是在这里有别于本生世界，所有人都可以尽情释放自己的天性，去创造一个属于自己意识的如花。

打破人类规则和惯性思维，在技术的帮助下，我进入了元生世界，创造了 30 个基于 IP 的我，这 30 个 IP 的我又用"水母智能"创造了 30 万个基于数字通证的新我。这 30 万个我可能是各式各样的。在元宇宙世界里，我可以拥有 30 万个身份。在元宇宙世界里，我通过元宇宙力尽情创造元力美，真正实现了自由。

万物如花，人人如花，自在而开。通过如花世界入口，上传任意图片，便可通过数字技术生成专属于自己的《如花在野》NFT 数字艺术作品，并与元生如花产生联动，共同形成成千上万个 NFT 艺术作品。

欢迎进入第四章独立的短篇小说部分，这是元宇宙原住民如花的世界，这是一个千人千面的世界……

— 第一节 —

如花世界的三生元宇宙

欢迎来到如花世界……

你将进入如花的三生五世……

一、第一生：本生

我是贾伟，是一名设计师，也是目前中国唯一一个获得全球五项国际设计大奖金奖的设计师，被大家称为"兼具商业头脑和设计才华的企业家"。我现在是洛可可创新设计集团的董事长，在我的带领下，这个公司成为工业设计行业内的一家头部企业。

我在大学毕业之后，就进入了联想集团成为一名基层设计师，主要负责 ADSL 设备、无线路由器、交换机等电子产品的设计。在联想集团的 5 年时间内,我一共设计了 40 多款产品,还成为一个工业设计中心的负责人。

本生的我:设计师 & 企业家

离开联想集团之后我开始创业,带着自己的设计梦想创立了洛可可创新设计集团,我称之为"第一浪",我认为数字经济时代最稀缺的资源就是想象力和创造力。

2005 年,洛可可工作室和三星合作开发出了北京奥运地铁 10 号线和 4 号线的售票检票系统,设计成果大受好评。此后,洛可可又获得了上海地铁 1 号线、2 号线改建等后续项目。接下来的 3 年,洛可可公司接连拿下国际红点、IF、IDEA 三项国际大奖,这是第一个将三项国际大奖收入囊中的中国设计公司。

2010年，我对原来的洛可可创新设计集团进行了扩建，为客户提供各种整合设计服务。

之后，我又进行二次创业，创造了洛客平台，我称之为"第二浪"。平台有超过100万名全球创造者，4万余名专业设计师，可以根据消费者的需求进行设计和规划。

目前洛客已经打造出多种爆款产品，包括科大讯飞翻译机、55度杯、小雅智能音箱等，被评为国家级工业设计中心。我认为，只要有想象力，人人都能成为设计师。

后来的几年，公司业务扩展，有了第三浪产业互联和第四浪水母智能。

元宇宙时代，我首度开创性地提出了元宇宙美学，结合元宇宙的概念，运用数字AI、AR、VR等科学技术创造了元宇宙艺术如花世界。

本宇宙的我是一名工业设计师，与所有人一样，拥有一个本生的我。

早上我到达公司，进入洛可可设计大厦，这栋楼的每一个角落都有我精心设计的影子，我希望打造一个拥有沟通式文化和开放式文化的工作环境。每一个楼层都有单独的工作空间、办公室，还有大型的开放式工作间。每个工作间的员工都可以互相交流。在设计上，屋内的构造采用暖色调的材料，地上铺着有格调的地毯,让员工在公司感觉像在家一样。另外还设有休息区,员工在工作累的时候可以休息。

设计师都在忙于自己的工作,有的设计师在计算机前苦苦研究如何构思绘图,有的设计师在处理三维建模,还有的设计师在规划整体的设计方案,思考如何才能设计出更有创意又实用的作品。我们时不时地还互相沟通和交流一下想法和创意。

设计师看见我来了,都叫我:老贾。我微笑着表示回应。很快,我乘电梯来到顶层的董事长办公室。整个办公室都被充沛的阳光洒满了,落地窗前种着绿色的植物,互相映衬,整个办公环境显得生机勃勃。房屋内的构造精致又有科技感,视觉效果很好,让人感觉清爽又灵动。墙上挂满了壁画和我的荣誉奖项。

我对自己目前的工作状态比较满意,我一直认为自己内心住着一个女孩,所以比较细致、比较敏锐,能用女性视角去看待用户需求和设计需求,很幸运自己天生比较擅长做设计,并且设计出了很多经典产品,也搭建了一个设计军团,能引领中国设计往前发展。但是有时我也会有一些迷茫,觉得自己的人生缺少了些什么,除了工作和事业,还应该有其他的东西来丰富自己的人生。

我深耕在工业设计领域,专注于工业设计与产品设计。工业生产与耗能密不可分。我在做产品设计的时候，会思考自己所设计出来的工业产品是否会对环境造成影响，思考一款工业产品是否具有持续性，思考工业废品是否还有再循环的价值，也思考设计能进一步为人类提供什么。

如果说洛可可是设计师个人设计，洛客是设计师群体设计，我们的第四浪"水母智能"则是结合当下数字技术、人工智能技术的 AI 设计。这种 AI 智能设计服务企业可以调和供需矛盾，很多甲方公司需要快速得到设计成果，但是人工设计需要投入巨大的劳动力和很长的时间。人类设计师不能满足这种高强度的工作量，而 AI 智能设计可以完美地解决这个问题。

"水母智能"服务包括形象设计、包装设计和商品设计等。客户可以根据自身的需求，自由地选择业务，能够在短时间内快速地生成多个 logo。

AI 技术是基于人工算法进行搭建的，需要收集不同客户的需求，积累一定的数量，形成一个数据库，然后再根据大数据去训练 AI 的设计能力。所以"水母智能"是一个很有发展前景的项目，业内都比较看好，但是仍有很长的路要走。

吃饭时间，出于对碳减排的考虑，我没有吃普通的饭菜，只吃了一块高科技的压缩饼干，一小块就能吃饱。这样能减少多种食材在生产、加工、烹饪过程中的碳排放。员工们都对我

第四章 如花世界：一个元宇宙原住民的故事

吃的饼干很好奇，我对他们说，我在吃一种非常环保的食物，一块饼干的营养相当于摆满一桌子的十八种海鲜，但是能量的消耗比海鲜宴小了很多。我们做工业设计的，每年都会设计出多少工业产品，你们想过没有，如果这些产品变成工业废品，会给环境带来什么影响呢？我认为一个产品是有生命周期的，我们用心设计的是一个"作品"，作品经过加工生产变成"产品"，产品投放市场进行流通变成"商品"，商品被用户购买使用变成"用品"，用品废弃之后变成"废品"。到了废品阶段，如何再利用、如何可持续，成为每一个工业设计师都要面对和解决的问题。设计师们表示认同，看到他们若有所思的表情，我觉得自己的设计使命任重道远。

我回到办公室戴上 VR 眼镜，进入我的如花世界。我自由自在地在太空里漂浮游荡，放松自己的身心。我处于一种失重的状态，有一个安全带系在腰上保证我不会与太空船脱离。我回头就能看到地球这颗蓝色的美丽星球，一转头我看到了太空中几个国际空间站，还有中国的天宫一号。太空是静谧美好的，在真空中听不到任何的声音，也没有任何的烦恼。

我进入空间站，开启了绕地球飞行之旅，24 小时看到了 16 次日出日落。我从地球上方看到了风暴眼，感受到了风暴的威力，还看到了喜马拉雅山的冰湖和巴哈马群岛，看到了夜晚的日本还有灯光璀璨的巴黎……我感觉很自由、很开心，身心都得到了放松。

一转眼公司下班了，在自己的意识世界里时间过得总是很快，我走出办公室，发现还有很多设计师在加班。感慨事业确实是一件需要全身心投入的事，同时，内心的那股迷茫依然存在。我收拾好东西离开了公司，但是并没有直接回家，而是去了公司附近的一个艺术工作室，开启我在意识世界的创想。

二、第二生：野生

我到了艺术工作室，这里只有我一个人。绘画工作室的气氛非常自由和狂野，远没有公司里的拘谨和严肃。桌子上、地上摆满了各种艺术品，墙上也挂着一些艺术佳作。地面上、墙壁上都是我的各种涂鸦，风格是抽象艺术类。

第一幅作品，我利用凹凸和细腻的线条刻画，显现出了凌乱中的美感，在不和谐中有隐藏的和谐，看不出这幅作品的客观形象，没有绘画主题和理性诠释，整幅作品的色彩基调是蓝色和红色混杂在一起，展现出一种野性和欲望，有一种浪漫情怀。

第二幅作品，主要是一些凌乱的格子，格子里面有一些羽毛的纹样，色彩搭配主要是灰色、蓝色和墨绿色，整个作品都

第四章 如花世界：一个元宇宙原住民的故事

是点和线的连接和填充。但是仔细看，这里面蕴含着太极的奥妙，和阴阳八卦有密切的关系，仿佛在传递一种关于宇宙的哲学，背后蕴藏着天地的智慧。

第三幅作品，是一幅铅笔素描画，这个绘画作品比较写实，画笔纤细，主要是在模仿大树的构造，非常重视细节，有真实感。颜色比较单一，只用了一种灰色。这幅画以几何造型为主，有一种严肃的秩序感，隐喻了我对真实世界的看法。

第四幅作品，主要是用颜色渲染出来的一幅画，隐约能看到一些歪七扭八的房屋和弯弯曲曲的田间小路，还有一些不知道是什么的植物。房屋的窗户都有特殊的形状，好像这些房子都是有生命力的。这幅画对于颜色的渲染非常丰富，不再以黑白灰为主要基调，渲染了一种生命的狂野。

第五幅作品，这幅画画的是一条小溪，清澈的溪水，溪水两旁是黄绿相间的草丛，还有褐色泥土。水面还有白云的倒影，这幅画对于轮廓的描绘并不清晰，物与物之间的间隔不明显，但是这幅画的意境很美，有一种强烈的情绪感染力，让人能感受到美、自然和自由。房屋、花草这些模模糊糊的并不重要，重要的是作者传递出来的那种情绪。

我还画了很多其他的抽象画，张狂的线条、放肆的颜色还有扭曲的造型寄托了我对自由的向往、对野性的追求。

除了抽象画，我还画了好几幅风景画。

第一幅风景画画的是草原，太阳已经快落山了，火红的晚霞映射着遍野的绿色，无遮无拦，四野茫茫，无边无际。远处有膘肥体壮的牛羊在吃草，几个牧羊少年正在挥舞着鞭子，哼着歌，无比欢快。有几个蒙古包像星星一样点缀在无边无际的草原上。草原的上空是蓝天，有一只苍鹰正自由自在地翱翔，几个小孩盯着苍鹰不知道在想什么。

第二幅风景画画的是花园，花园里百花盛开，各种各样美丽的花朵簇拥在一起如同仙境。最前面的是一丛绣球花，就像一个个小球，淡蓝、淡粉、淡绿的绣球花组合在一起，又清新又水嫩。小路旁边是杜鹃花和桃花，大片大片的红色渲染得整个花园更有生命力了。花园里的池塘还有美丽端庄的睡莲，有几只蜜蜂围绕着睡莲旋转。画中的时节是在春末的清晨，阳光从密密麻麻的枝叶中间透射下来，在花朵表面形成了大小不一的光斑，晶莹的露珠在阳光的照射下熠熠生辉。整个气氛都是轻松、清新、自然的。

第三幅风景画画的是深海，海底是一个美丽而沉静的世界。阳光投射到海底，折射出不同角度的光辉，美不胜收。海底的岩石、珊瑚、贝壳在阳光的照射下变得五彩斑斓，海草随着水的流动不停地摆动，不同种类的鱼、海星、水母在波浪的涌动

第四章 如花世界：一个元宇宙原住民的故事

下翩翩起舞，穿梭在珊瑚和岩石之间，仿佛在做游戏。画面的稍远处还有一艘沉船，船的外观看起来很古老，船的旁边还散落着一些金子和珠宝，不知道船里面还有没有其他的宝藏。整个深海的场景既静谧又带着神秘感。

第四幅风景画画的是太空，这是一个黑暗又神秘的世界，这幅画近距离地画了月球，月球的表面到处都是尘土、岩石和环形山，看起来像一片荒漠，不知道广寒宫和嫦娥究竟在何处。荒凉的月球和美丽的地球形成了鲜明的对比。围绕着月球有几个环月卫星，还有太空人在太空中飘荡，观察和探测太空的世界。星星忽明忽暗地点缀在天上，就像萤火虫一样，还有几颗流星从空中划过。整个宇宙都是浩瀚而神奇的，很多宇宙的秘密等待着人们去挖掘，不知道外太空有没有外星人的存在。

…………

对于自己艺术作品和创作理念，我能滔滔不绝地述说，仿佛内心拥有一个想象力源泉，总是能迸发很多灵感。这就是我的野生，我可以尽情地"野"。

我走到一幅人物画前，准备拿起画笔将这幅画完工，画面中是一个小女孩的样子，脑袋比较大，喜欢翻白眼，有叉叉形状的眉毛，手像小鸡腿。我给这个小女孩取名叫如花，我觉得自己的内心里住了一个小女孩，喜欢在野外奔跑，野外的草地

《如花在野》系列作品

第四章 如花世界：一个元宇宙原住民的故事

上到处都是鲜花。

我看着画里面的如花，不由得痴迷了，我对着如花喃喃自语，说自己创业十多年一直在奔跑，似乎到了忘我的地步，很想停下来做些自己儿时最想做的事——我想做一个画家，自由自在地为艺术而生。

野生的我：元宇宙 AI 艺术家

2021 年元宇宙时代到来，作为元宇宙 AI 艺术家，当我在与一直关注潮流艺术的美籍华裔策展人陆蓉之女士探讨时，当我看到倡导艺术与大自然有机结合的大地艺术时，我再次开始思考人类的能源使用问题。

元宇宙力

除了设计能改变人类能源利用，我也思考如何能低耗能地进行艺术表达，思考如何通过艺术形式来引领公众关注碳减排和可持续。

我尝试用艺术语言给"废品"二次生命，提出"废品即作品""绿色即潮流"的创作理念，倡导新型环保型艺术，通过艺术形式引导公众绿色时尚。

潮流艺术是将时下各种流行的趋势和动向，以艺术的形式进行表现，因为流行趋势和时尚动向的动态特性，所以潮流艺术也会随着流行趋势和时尚动向的发展，而不断变化。元宇宙会对本宇宙虚拟化、数字化，让人们拥有沉浸式体验、虚拟化分身、开放式创造，具有强社交属性的稳定化系统。元宇宙时代的艺术，也具有明显的数字特征与技术特征，NFT 非同质化代币与元宇宙艺术有机结合，形成了 NFT 应用的多元性、艺术形态的多样性、创作内容的无限性、创作者的 AI 化。

我创作的主题与内容是潮流艺术，我将潮流艺术与元宇宙结合，应用二者兼具的动态特性，又抓取潮流艺术的时尚性与元宇宙 NFT 数字艺术的技术性，结构重组，形成全新的艺术风格，我称之为"潮宇宙艺术"风格。

我沉浸在自己的画里，想象着自己在草原上奔跑跳舞，有时候还和牧羊人一起放羊，偶尔也变成雄鹰在天上翱翔；我想象着

第四章 如花世界：一个元宇宙原住民的故事

自己躺在花园的花丛中，闻着花园里清新的花香，蝴蝶从自己的脸旁飞过；我想象着自己来到了海底世界，和鱼儿在一起玩，还到海底的神秘沉船里去寻宝；我想象着自己在太空旅行，先去了月球，然后去了火星，还和外星人成了好朋友……我太想释放自己的天性了，我想在不同的自然环境中自由自在地延伸自己，和大自然融为一体，与万物相通，让自己的身心得到彻底的放松，我真的想永远地沉浸在这样的世界里，自由自在地生活。

一阵"嘀嘀"声打断了我的幻想，原来是我的手机收到了水母智能工程设计师技术攻关的小程序成功上线的消息，我厘清了一下自己的思绪，回到现实，点开了链接。

突然，有人在我背后说话，我背后一凉，赶紧转过头来。我惊愕地发现，画上的如花活了，她在画上摇晃着脑袋，眼睛四处转动。然后一下子挣脱了画框，从里面走了出来，就像全息影像一样，是立体的，可以活动的。

我还没有从惊愕中缓过神来，如花就开口说话了，她告诉我，刚才我的自言自语她都听到了，说我原来是一个敏感的艺术家，并没有外表看起来那样无坚不摧。

我好像一下子被如花看穿，我也痛快地卸下了自己的包袱，看到如花就像看到了内心的自己，我说自己忘我地奔跑了17年，忽略了家人、朋友甚至自己，有时候在办公室感觉自己像

元宇宙力

一只困兽,时常感到厌倦和迷茫,自己其实就想当一个感性自由又快乐的画家,想畅游在自己的想象世界里。

如花的表情似乎说她早已知晓。

我问如花,我上班的时候她都在干什么。

如花回答,她在看这个世界,看这个奇妙的世界,到处旅游,体验不同人的生活,过着我梦想中的生活。

我问她,她是在看这个世界的车水马龙、高楼大厦,各种各样的现代化科技产物,还有形形色色忙碌着的人吗?

如花摇头表示不是,她说自己看到的世界和我看到的并不一样,还说可以带我体验一下她的世界。

然后,如花在我的眼前画了一个眼眶,她说:这是如花眼,可以通向一个全新的元宇宙世界。

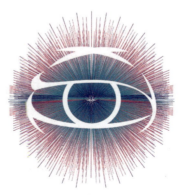

如花眼

如花领着我穿过如花眼,突然一片白光,我下意识用手挡住了眼睛。当我缓缓挪开双手,发现自己的手变成了鸡腿形状,我张望这个世界,发现现实生活中的贾伟消失了,我变成了如花。头顶上方传来如花的声音:欢迎来到如花世界,这里是你的元生世界。

三、第三生:元生

在元宇宙里,贾伟的本生、野生消失了,我的元生是如花。

在元宇宙里,人移动的速度和光速一样快,我靠着瞬间移动的超能力先后去了巴黎圣母院、喜马拉雅山,还有西藏的布达拉宫。我感受了巴黎圣母院悠久的历史气息,在这座哥特式的巨石建筑物里流连忘返。我站在圣母院的顶楼眺望着塞纳河上的风光,抚摸着墙壁上的圣经雕刻,感受着耶稣复活时的场景。

我来到喜马拉雅山脉,登上了珠穆朗玛峰的峰顶。一座座山拔地而起,形态万千,连绵的雪山,放眼望去好像披上了一件白色婚纱,烟雾缭绕在山脚,让人有种一览众山小的感觉。

我来到了被喜马拉雅山脉拥抱的雅鲁藏布江边,这一片流域富饶美丽,哺育着两岸的人民,阳光照射下的雅鲁藏布江显得仙气十足。

我来到了修行圣地布达拉宫。布达拉宫是一座宫堡式建筑群，是历代达赖喇嘛的东宫居所。整个布达拉宫建筑气势雄伟，有大面积的石壁。

整座宫殿富丽堂皇，大殿中还有连绵不绝的壁画，堪称大型绘画艺术长廊，还记载了文成公主进藏的过程和几代达赖喇嘛的生平日常。我参观了宫殿内的大量文物珍宝，还有各种富有文化底蕴的书籍。感叹着文化的奥妙。

元生的我：如花

地面世界体验够了，我开始体验海底世界。我骑着蓝鲸在海里遨游，我在海底看到了各种各样的鱼游来游去，颜色五彩斑斓，形状千奇百怪。突然一个大鲨鱼气势汹汹地向我冲过来，

第四章 如花世界：一个元宇宙原住民的故事

我情急之下发动意念立刻转移了位置，场面惊险又刺激。然后，蓝鲸带着我来到了珊瑚丛中，珊瑚特别漂亮，一簇簇、一团团的，颜色五彩缤纷，像一棵棵展开的鹿角。我继续向前游，看到了特别多的漂亮的水母，我好奇地摸了一下水母，一下子就被电到了，整个人都麻了。我感到害怕，掉过头换了一个位置，来到了一片海草丛中，海草丛中有很多庞大的海龟在游来游去，墨绿色的壳非常漂亮，还有几只海蛇在海草间盘旋。

最后，我站在了古老的沉船面前，船面的木头都已经腐烂，金子散落一地，这艘船好像是一个战舰，因为有一些炮弹和武器在船的甲板上面。我走进沉船里，想看看里面有没有什么宝贝，果然找到了，船里面有许多大箱子，大箱子里面不知道装的是什么，我不敢在海里把箱子打开，怕海水腐蚀了箱子里面的东西，打算把箱子都带上岸。

我想体验一下失重感，来到了迪拜的大楼上，打算不戴任何防护从迪拜的高楼上跳下去。我站在高处的时候就已经感觉到恐怖了，但我还是直接跳了下去，我感觉身体一直在往下掉，胸口难受，我忍不住嚎哭起来，在即将落地的那一瞬间，我慢慢地升起来了，我俯视着整个迪拜，感受着地下密密麻麻的楼房还有匆匆忙忙的行人，感觉自己就好像是这个世界的主宰一样。

我在哈利法塔的塔底看日落，到沙漠乘坐越野车穿越沙海，亲近着沙漠里的骆驼和羚羊，还来到了著名的朱美拉棕榈岛，我感受到了迪拜的美丽传统与繁华。

地球玩够了，我来到了月球体验生活。月球上重力很小，在重力小的情况下，走路是非常费力的，就连吃东西或者上厕所这些在地球上很容易的事情到了月球也变得很困难。因为月球上是没有空气的，所以声音无法传播，月球非常安静，只能通过无线电来传播信息。

而且月球上的昼夜温差非常大，白天达到了126摄氏度，夜间降到了零下150摄氏度。不过我穿着能够自动调节温度的衣服，能让我一直保持着正常体温，外界的温度对我没有影响。这时候的月球已经被人们改造过了，月球的中心是空的，我乘坐着一个空间比较小的缆车到达了月球中心。那里居住着各种各样的人，还有长得和地球人不一样的外星人，外星人和地球人协同管理着月球。

虽然月球表面只有一些岩石和土壤，不如地球那样生机勃勃，但是月球上的金属蕴藏非常丰富，有很多专门的科研队伍会把一些稀缺的元素提炼出来然后运送回地球。我在月球基地住了一段时间，每天跟科研人员一起研究月球的构成和运行规律，没事的时候还漂浮在太空和绕月卫星一起俯视月球的表面。

我还参观了月球上的模拟生态系统，这里种满了各种农作物，还养了一些动物，为了生态平衡，还在土壤里面培养了许多菌群，整个系统处于一个封闭的循环系统里面。这是个仿真模拟地球的生物圈，空气的配比和天气都是仿照地球的，因为地球人想要在月球上创造一个新的生态系统，好让更多的人移民。

我觉得月球还有很多奥秘没有被完全发掘出来，我鼓励科研人员继续努力，然后就转去火星旅行了。

火星的表面是橘红色的，因为火星的地表已经被氧化铁给覆盖了，火星的大气以二氧化碳为主，空气整体比较稀薄，温度常年偏低。火星的表面有各种行星撞击的坑，还有山谷和沙丘。

我参观了火星表面最高的火山——奥林匹斯山，这座山是太阳系中最大的火山，整体高度几乎是珠穆朗玛峰的三倍，是一座巨大的盾形火山。我爬到了奥林匹斯山的山顶，俯视着山底的塔尔西斯区和巨型火山，感叹着火山景观的壮丽。

火星的自转周期和地球差不多，但是公转周期不太一样。火星也有季节性的变化，但因为它的公转轨道不是圆的，而是椭圆的，所以它的季节分界并不均匀。最危险的就是太阳辐射，还好我早就穿好了防辐射的衣服。火星的重力比月球大一些，所以在这里走路比月球上轻松了很多——在月球上需要蹦跶着走路。

然后我来到了火星第二个著名的景点：水手号峡谷。这是太阳系最长的峡谷，最宽的地方有 600 千米。水手号峡谷是沿着

元宇宙力

地质断层慢慢形成的。随着火山的不断增长，熔化的岩浆慢慢流入这里，整个峡谷不断地被拉伸，变得越来越宽、越来越长。

最后我还去看了丹尼尔森陨石坑的蓝色土壤。我觉得火星上的气候特征非常奇怪，可以来参观但是并不适合人类居住，茫茫的大地没有任何生命迹象，我在火星上感到非常孤独，觉得还是地球上比较热闹，想要回到地球。

我心念一动就回到了地球。我想念地球接地气的生活，开始逛街，体验地球上的美食。我买了一碗面，但是面的味道有些淡。不过这些是难不倒我的，我只需要用意念就能在面里加入各种滋味，酸甜苦辣咸都可以。我想吃什么美食只要动一动脑子，就能立刻把美食变到自己的面前。

然后我还去了游乐园，玩遍了各种游乐设施，去电影院看了自己想看的电影，去网吧打了整晚的游戏。

我玩得很开心，但还是觉得如果有个小伙伴就好了，我想要创造一个小伙伴，一个如同精灵的小伙伴，于是我就真的看到了一个小精灵。

小精灵就是一个四不像的东西，精灵有人的智商，但是外形比较奇怪。

我给小精灵取名叫"如花宝宝"。小精灵非常可爱，招人喜欢。我问小精灵想要吃什么，小精灵说想要吃好吃的，要吃外

第四章　如花世界：一个元宇宙原住民的故事

面的好吃的。

然后如花宝宝一下子从桌子上跳起来溜走了，跑到街上去了，我很担心精灵被人踩到，就去追赶，但是街上并没有如花宝宝的踪影。

我要去找精灵，于是一直走一直走，都走到城市郊区了。郊区的景色和城市的景色很不一样，到处都是草地，还有清澈见底的河流。我感觉到小精灵可能会喜欢游泳，于是就潜入水里去寻找，果然在河底发现了精灵。精灵看见我很开心，笑眯眯地把自己得到的宝贝给了我，原来是河底的珍珠，这些珍珠又大又圆，非常漂亮。我本来挺生气的，看见这些漂亮的珍珠气就消了，很开心地接受了给如花精灵的礼物。

小精灵想要留在河底继续玩下去，我也不强制带它走。我创造了另外一个小精灵陪自己，这个小精灵长得比较像胡萝卜，留着绿色海藻一样的络腮胡子，看起来就像一个小老头，又搞笑又可爱。

我带着胡萝卜小精灵去了沙漠游玩，我们骑着骆驼欣赏大漠的景色。我们来到了沙漠中的绿洲，还看见了海市蜃楼。胡萝卜小精灵想留在绿洲玩，于是我就把它留在这里，接着创造了一个新的小精灵。

这个小精灵长得有点像小野兽，浑身长着白色的毛，有着淡黄色的瞳孔。我抱着小野兽精灵来到了原始森林，我们在原始森林里遇到了很多野兽，但是我们并没有慌张，因为我们意念一动就可以避开这些野兽。后来我们反而逗着这些野兽玩起来了，惊险又刺激。

我们走出原始森林，来到了一片大草原，草原上有很多奶牛，它们身上长着黑白相间的皮毛。小野兽精灵被这些奶牛给吸引了，我想要喝牛奶，于是挤了很多牛奶。

我想要创造更多的小精灵，于是我又设计了一个身上没有毛的、雪白的、头上有一些稀疏的头发、拥有黑色大眼睛的小精灵。我还给小精灵设计了一个红色的扫帚，小精灵可以骑着红色的扫帚到处旅游。没多久，我又创造了一个精灵，这个精灵的脑袋长得比较像熊，和如花一样有着叉叉型的眉毛，瞳孔是白色的，很容易害羞，特别可爱。

我把所有小精灵都召集在一起，我们一起组成了一个小家庭，我是一家之主，小精灵都要听我的话。这五个小精灵表示也想要别人听自己的话，我说，这还不简单，我再创造一大批小精灵出来就行了。

我把五个小精灵作为模板，先是克隆出了一大批和这些小精灵长得很像的小精灵，后面还把不同的小精灵的基因融合创造出更多、更特别的小精灵。我越玩越带劲儿，一直到最后，

第四章 如花世界：一个元宇宙原住民的故事

我一共创造了 300 000 个小精灵。我自称为国王，对小精灵们进行了分类，让我的五个小精灵分别管理他们，五个小精灵也很开心，都表示会履行自己的责任。

我的元宇宙世界是无限大的，这些小精灵也是有独立意识的。我们想了很多办法来创建新奇有趣的东西。慢慢地，我的元宇宙世界越来越丰富。

我的元宇宙世界没有为金钱而忙碌的人，只有自由自在做自己喜欢的事情的人。没有人会被迫做自己不喜欢做的事情，只有自由、无限制、野性、创意的发挥。每个人都可以过自己想要的生活，不会有资源的争夺，因为资源是无限多的，不用抢，只需要发挥自己的想象力就可以得到一切。

我在草地上设想着自己的创作，一阵微风吹来，我听到了河水流淌的声音，非常清澈响亮的声音，我不由自主地闭上双眼，往前走去。

— 第二节 —

如花世界之"如花五世"

一、第一世：如花在原始世界

如花走着走着，感觉身边的一切发生了微妙的变化，她睁开朦胧的双眼，发现自己居然躺在一个黑漆漆的洞穴里，这个洞穴又大又空，如花随便喊了一声，洞穴里立刻响起一片"呱呱呱"的回声。如花这下明白了，她这是穿越到了原始社会。

经历了一场刺激的穿越，如花的肚子早就饿得"咕咕"叫了，整个人也很疲惫，脑子也不清醒，如花知道自己必须吃点东西补充能量。她挣扎着爬起来，开始环顾四周，这是一个神秘又阴森的山洞，有几缕阳光从旁边的石缝中透进来，勉强能看清楚洞内的情景，整个山洞的岩石犬牙交错，时不时吹过一阵凉风，让人瑟瑟发抖。

第四章　如花世界：一个元宇宙原住民的故事

如花继续摸着墙壁往洞穴的深处走，想看看里面有什么东西。如花走到洞穴的下方，终于发现了不一样的地方。洞穴的下方别有洞天，这里的洞顶上有些塌陷了，阳光从破碎处倾泻而下，下面是潺潺的溪水和绿茵茵的草地。空气里面的水凝结成露珠，阳光穿透它们折射出五彩斑斓的光辉，衬托着整个山洞就像仙境一样。"这里好美啊！"如花不禁感叹道。

如花走到草地上，想看看有没有什么能吃的东西。突然，有东西从她的胯下迅速穿过去，把如花吓了一跳。如花定睛一看，原来是一个小动物，只是这个动物的样貌十分奇怪，外观是黄白相间的，蓝色的眼睛亮晶晶的，尾巴又大又好看，有点像狐狸，又有点像松鼠。如花想靠近它仔细看看，但是那个小动物好像害羞似的一下子就跑了，如花只好放弃。

这时如花又被岸边的植物给吸引住了，这种植物在现代社会好像没见到过，它的花瓣有三种到四种颜色，朝着洞穴的阳光处开放，散发着奇异的幽香。如花想去触摸它，但是又害怕不了解的植物会带着毒，于是就只在边上欣赏它。

过了一会儿，如花的肚子饿得实在受不了了，她看见溪水里面有几条鱼，心生一计，准备钓几条上来吃。如花记得文明社会里的钓鱼方法，需要用蚯蚓和铁鱼钩。蚯蚓好说，溪水边的泥土里面就有蚯蚓，随便抓几条就可以了。可是没有铁鱼钩怎么办呢？如花想到了用线代替铁鱼钩的办法。

洞穴里面是没有线的，但是如花有办法，她要把自己身上的红色毛衣下面的部分拆开，抽出一团毛线用来钓鱼。

正当如花准备实施自己的计划的时候，突然一个"四不像"的东西走到她面前，睁大眼睛看着她。它浑身长着白色的毛，眼睛非常大，瞳孔是青白色的，身材比较矮，样子蠢萌蠢萌的。整体的样子有点像人类的小女孩，但是又和人不一样。

"小女孩"叽里呱啦地说了一大堆话，如花一句都没有听懂。"原始人的语言自己怎么可能理解？"如花内心吐槽。如花摊了摊手，无奈地跟她比画着，表示自己不知道她在说什么。"小女孩"好像理解了，她也用同样的肢体语言回应着如花。如花觉得"小女孩"挺聪明的，便给她取了一个名字，叫作"如花宝宝"。

如花指了指自己的肚子，做了几个吞口水的动作，表示自己已经饥肠辘辘了。如花宝宝很快就理解了如花的意思，她把衣服里面藏着的水果拿出来给如花。这个水果的外皮是蓝绿相间的，形状是椭圆形的。如花接过水果很快把皮剥了，一口咬下去。但她刚把水果含进嘴里就马上吐出来了，这个水果又酸又麻，还散发着一股怪味，如花实在吞不下去。

如花用手指了指溪水里的鱼和手里的毛线，表示自己要抓鱼吃。如花宝宝很兴奋,她抓着如花的衣角,也要看看如花是怎么用毛线抓鱼的。如花在溪水边的泥土里挖出了几条蚯蚓,用手拍晕,然后用毛线把它们系起来,扔到水里面。很快就有鱼上钩了,如花一下子把线扯出来,把鱼捉住,放到岸边离水远的地方。

如花宝宝不可思议地看着整个过程,她用手势向如花表示,自己平时都是直接用手在水里面抓鱼的,因为溪水比较湍急,好几次她差点就被水冲走淹死了。如花觉得小女孩有点可怜,于是她把剩余的毛线都给了小女孩,并且教会了小女孩用毛线钓鱼,聪明的如花宝宝很快就掌握了钓鱼的诀窍,她很兴奋,很感激如花。

如花宝宝抱着鱼站在阳光下,白色的皮毛在阳光下闪烁,和白色的鱼肚皮融合在一起了。接着,如花宝宝抱着鱼直接就生吃了,吃得满嘴是血。如花有点看不下去了,生鱼体内病菌和寄生虫很多,直接吃很容易生病。她用手比画着让如花宝宝别再吃了,但是如花宝宝可不管那么多,她肚子也饿了,狼吞虎咽地吃得很开心。如花见状就没有继续阻止她,原始人都是这样的。

如花作为一个现代人是不会生吃活鱼的,她打算用火来烤鱼。但火在原始社会是非常稀缺的,原始野人还没有掌握生火的方法，他们只能找人看守，保存火种。如花宝宝向如花表示她可以去野人部落里用剩下的鱼交换火种，但是那个部落的人都非常凶恶，性格很残忍。

如花隐约记得历史书上有钻木取火的方法。于是她阻止了如花宝宝，并向她表示自己有办法生火，不用如花宝宝去和野人部落交换火种。如花让如花宝宝找来了一个大木头和一根小木棍，然后如花把木头和小木棍放在阳光下面，她先是用石块在木头上面凿了一个洞，然后用小木棍狠狠地摩擦那个小洞，几分钟后，木头上开始冒出了一些火花。

如花宝宝在一旁看着，一脸的震惊。很快火花越来越大，如花拿了一些干草引燃了火焰。如花大方地表示会教如花宝宝怎么取火，如花宝宝也很兴奋。她带着如花宝宝重复了一次刚才的动作，很快如花宝宝学会了取火。

她们找来了更多的干草和柴火，火烧得越来越旺。如花和如花宝宝就坐在火堆旁边，用木棍把鱼穿起来烤，很快鱼的香味溢满了整个山洞。她们开始津津有味地吃鱼，一边吃如花一边问如花宝宝这个世界是什么样的，如花宝宝告诉如花，这个世界是一个弱肉强食的世界，不同的族群住在不同的地方，首领就是他们的族长。野人族虽然比动物聪明，但是不如野兽凶猛，所以需要聚集在一起共同抵挡危险。

《如花在野·远古时代》系列

如花听得津津有味，她们一边闲聊一边在那里玩石头，场面温馨又快乐。但却不知道危险已经开始慢慢降临了。

烧柴火的烟溢出了山洞，被野人部落的几个人看见了。他们发现是火燃烧冒的烟，特别生气，因为他们认为火种只有他们才能够把控，觉得肯定是有人偷走了火种。于是他们气势汹汹地赶到山洞，看见正在吃烤鱼的如花宝宝后，一把拎起她，并把她带到部落里面盘问。

野人首领质问如花宝宝有没有偷走族群里的火种，如花宝宝义正词严地否认。那几个野人自然是不相信的，因为他们不知道如花宝宝有取火的办法，为了惩罚她，他们把她吊起来打了一顿。

此时的如花刚刚从外面回到山洞，她看见地上一片狼藉，火焰被扑灭，没吃完的鱼骨头和剩下的柴火散落一地，而如花宝宝不知去向。她顿时觉得不妙，心想如花宝宝可能出事了。仔细一琢磨，估计是那帮野人搞的鬼，因为这附近只有野人部落。于是如花单枪匹马跑到野人部落里去讨要说法，想要营救出如花宝宝。

如花闯进他们的部落，一眼就看到了被绑在那里的如花宝宝，白色的皮毛上有很多血迹。如花很生气，问他们为什么这么做。野人首领向如花表示，如花宝宝偷走了他们的火种，必须受到惩罚。如花很生气，她表示如花宝宝没有偷他们的火种，而是自己知道取火的方法，自己生的火。这几个野人一听立马有了兴趣，他们要求如花向他们演示如何取火，如花拒绝了，要求他们先放了如花宝宝，否则不会教他们生火。

野人首领们也生气了，他们觉得如花敬酒不吃吃罚酒，于是找来几个壮汉，把如花也抓起来了，如花挣扎着。这时突然传来一阵奔跑声，他们不约而同地朝声音传来的方向望去，只见一群头上有犄角的野兽飞奔而来，扬起了一阵阵的烟尘，气势非常凶猛。如花心想，如果被它们撞到了，非死即残。

原来这是野兽们的大规模迁徙活动，它们要去另外一个栖息地繁衍生息。野人们在野兽面前显得格外渺小，他们都被吓傻了，也来不及管如花和如花宝宝了，随便把她们扔在一边就四散逃去。如花趁着野人们躲避野兽的机会，一把抱起伤痕累累的如花宝宝逃走了。

可是野兽的队伍实在是太庞大了，如花在逃跑的过程中，不小心被一只野兽的脚绊倒了，一下子把如花宝宝甩出去了。等如花站起来的时候，野兽群和如花宝宝早已无影无踪了。

如花到处找如花宝宝，但是哪里都没有她的痕迹，她们走散了。这时候，野人们缓过神来，要去抓如花。如花赶紧拔腿跑了，但她内心还是记挂着如花宝宝，她觉得是自己没有保护好她，而现在也不知道如花宝宝是死是活，她感到很愧疚。

二、第二世：如花在农业世界

好不容易甩掉了那帮野人，如花迈着疲惫的步子继续往前走，她想找到如花宝宝。如花走进了一片原始森林，这里有千姿百态的古树，地上都是纵横交错的树根，时不时还能见到几只飞禽走兽，一眨眼就不见了。如花内心有些害怕，害怕遇到野兽，于是用钻木取火的方法点燃了一根木头，借着火光往前走。

走出森林就是一大片茫茫的白雾，什么都看不清楚，如花内心有些烦躁，但还是耐着性子走下去了。如花很注意脚下，害怕一不小心就踩到了不该踩的东西。

如花终于穿过了白雾，走了十几步，便豁然开朗。只见一大片平坦开阔的土地，旁边是整整齐齐的房子，房子旁边有大片大片肥沃的田地，还有美丽的池塘、高大挺拔的桑树和竹子。人们在小路和田间来来往往，辛勤地耕田种植，村落间不时传出鸡鸣狗叫的声音，中间还有几头圈养的猪。村民们都很淳朴，青壮年大部分都在干活，白发苍苍的老人闲坐着，小孩在一旁玩耍。

第四章 如花世界：一个元宇宙原住民的故事

这时突然有几只狗跑过来用凶狠的眼神盯着如花，如花有点害怕，这几只狗还没有被完全驯化，模样和神态都比较像狼。但是她知道不能跑，一跑那些狗肯定会跟着追自己，于是如花就只好站在那里和它们对峙。一会儿几个大娘过来了，她们牵走了狗，并且安抚如花不要害怕，这些狗只是看着她比较陌生才这样。如花表示感谢。

如花在村子里闲逛，一边欣赏风景，一边寻找如花宝宝的下落，很快走到了村子里最热闹的地方。大部分人都在干农活，有些村民坐在一旁休息，一边吃东西一边聊天，场面十分融洽。如花感觉这些人可能会有如花宝宝的消息，便向他们打听，问他们有没有看见一个精灵，外表像人但是又不太像。

这里的人听了都迷惑不解，他们不知道如花说的是什么，于是就问她是不是猴子，或者是白狐狸和松鼠。如花立刻摇头，说不是那些动物。然后有一个人问如花，说的是不是《山海经》里讲的怪物。如花看过《山海经》，感觉如花宝宝长得很像《山海经》里的四不像神兽，于是她便问村民有没有碰到过四不像神兽一样的东西。村民们纷纷摇头，说神兽只在《山海经》里，现实生活中遇不到。

如花感到有点失望，内心迷茫，不知道该怎么做。但她还是决定在这个村子里定居下来慢慢去寻找如花宝宝，因为这个村子是离如花宝宝失踪地点最近的地方。

如花在一个好心人的家里暂时借住下来，但是她不好意思吃白食。她打算帮助这里的人们提高种植和养殖水平，顺便挣点生活费。

村子里的水稻种植技术还是比较传统的，每年的产量不多。如花记得现代的杂交水稻技术，杂交水稻的产量远远高于传统水稻，原理就是将两种有遗传差异的水稻品种进行杂交用于生产，这是生物学里面的杂种优势。于是，她把杂交水稻的技术传授给了村民，并且协助他们完成整个过程。村民对如花说的方法半信半疑，但还是打算按照她说的试试看。

首先，如花安排村民选出了两种优质的水稻，把其中一个品种的雄蕊进行人工去雄，然后把另一个品种的雄蕊花粉授给前一个品种。然后细心栽培，40多天之后，水稻成熟了，村民们惊喜地发现，杂交水稻田比普通水稻田的产量要高好几倍，结出来的稻子明显比普通水稻多。他们越来越相信如花了，觉得如花是土地神派来的使者，帮助他们丰收的。

然后如花又把目光放到了养殖业上面。村子里面主要就是养鸡和养猪，但是他们养鸡和养猪的方法非常原始，效率不高，繁殖周期长，生产速度慢，投入人工多。如花带他们走上科学养殖之路，首先是对它们的饲料进行科学的配比，多给它们吃

第四章 如花世界：一个元宇宙原住民的故事

能长肉的食物。然后把养殖的动物放养在地势比较高、阳光比较充足的地方，避免动物生病。另外，定期把动物赶到室外进行放养，并且安排人每天打扫养殖场所的卫生，及时驱虫。

在繁殖后代上面，选择体形比较健壮、眼睛有神、反应灵敏的个体优先繁殖，这样可以培育出质量更好的下一代。如花的方法很管用，极大缩短繁殖周期，生产效率得到了大大的提高，而且动物的死亡率也大大地降低了。

在厨艺方面，如花也把现代的技术教给了村民。比如说猪肉，村民只会煮着吃或者是炒着吃。如花教他们用猪肉、淀粉、佐料等做成香软可口的火腿肠。还教给村民用鸡蛋、奶和糖做成鲜香四溢的蛋挞。最后还教给村民做甜甜圈的方法。村民都很开心，家家户户争相来学习厨艺。

村子里做的蛋挞和甜甜圈，在集市上非常受欢迎。外村的人纷纷来这里抢购美食，村子的收入大大提高了，他们也不用天天赶着去集市了。如花也帮着村民去卖东西，因为如花想借着人多来打听如花宝宝的下落。但是好多天过去了，还是没有打听到如花宝宝的踪迹。

终于有一天，一个农民跑过来找如花，说见到过一个奇奇怪怪的小东西，不知道是不是她说的小精灵，那个小东西身上很光滑没有毛，皮肤是白色的，眼睛很大，瞳孔是黑色的，头上有一些稀疏的毛发,体形不大,和小动物差不多。如花有些怀疑,这不是她记忆中的如花宝宝啊,那个小东西明明身上是有毛的。

这个农民接着说,那个小东西正在到处跟人打听,问有没有看见过一个大姐姐,头很大,会翻白眼,有着叉叉形状的眉毛。农民说如花的头就很大,很像那个小东西描述的人,让如花翻白眼试试看。然后如花直接就翻了白眼。

没想到这一幕被旁边的一个道学先生看到了,他气势汹汹地跑过来数落如花,说她一个小女子竟然敢对男人这么不礼貌,简直是悍妇,伤风败俗。最后甚至威胁要用族规来惩罚她,要她在全村人面前下跪。

如花马上就跟他顶撞,说不是自己要翻白眼的,是那个农民让她翻白眼的。她拉着农民为她做证。但是这个农民很㞞,他害怕得罪道学先生,那样以后都没办法在这个地方混了,于是他就跑了。道学先生是这个村子里的舆论主导者,类似民间判官一样的角色。

如花不愿意在村子里继续受欺辱,于是她带着一些盘缠去了城里,城里消息更灵通,说不定很快就能知道如花宝宝的下落。

没过多久,之前的那个农民居然带着如花宝宝来找如花了。如花宝宝长得和以前确实不一样了,身上没有毛了,眼睛的颜

《如花在野·梵高》系列

色也变成黑色的了。但是凭着感觉，如花认定这就是她的如花宝宝，如花和如花宝宝紧紧地拥抱在了一起。农民对如花表达了自己的歉意，当时因为害怕道学先生没有勇敢地站出来给她撑腰，如花大度地表示了谅解，还感谢了农民。如花和如花宝宝都很开心，准备在城里定居下来过好自己的小日子。

如花和如花宝宝在城里开了一家面馆，做手工方便面。先把水烧开，把面条扔进去，煮熟之后把面捞出来，然后用热油炸，炸好之后晾干，香喷喷的方便面就做好了。如花一开业生意就很好，大家都觉得方便面很好吃，还会买一些放在家里，饿的时候就拿出来泡着吃，又方便又省钱。

但是这样一来，对面那几家面馆的生意就没那么好了，因为方便面又好吃又便宜，很少人愿意去吃其他的面。那几家面馆的老板都很嫉妒，想要报复如花和如花宝宝，赶她们走。最后，他们想出了一个恶毒的办法，趁着天黑没有人注意的时候跑进如花的面馆，在原材料里面下了毒，并且掩盖了痕迹。

如花对晚上发生的一切毫不知情，第二天早上起来还是照常为客人们做面，结果一大批客人在吃了面之后发生呕吐现象。他们纷纷跑到如花的店里讨要说法，如花一脸蒙，仔细检查了原材料，没有发现有什么问题。于是，如花给他们退钱希望平息争端。

第四章　如花世界：一个元宇宙原住民的故事

但是这帮人并不满意，他们上报了官府，说如花在给他们吃的面里面下毒了，希望官府出面调查这件事情。

官府的人很快带着队伍来封店了，如花和如花宝宝看着远远的一群人跑来，感觉不妙。意识到自己被人陷害了，现在如果被抓进去肯定是凶多吉少，必须逃走。

如花在情急之下点了一把火，一下子店铺里面就燃烧起熊熊的火焰，冒着滚滚的黑烟。那些闹事的客人都吓得跑出去了。如花叮嘱如花宝宝分头跑路，因为一起逃走很容易被抓住。临走的时候，如花宝宝和如花约定去海边相聚。就这样，她们被迫再一次分开了。

三、第三世：如花在工业世界

如花逃出了城，来到了和如花宝宝约定好的海边，但是没有发现如花宝宝的踪影。于是只好沿着海边一直往前走，突然传来一阵"扑哧扑哧"的声音，如花朝声音传来的方向望过去，居然是一列蒸汽火车。这列蒸汽火车从如花身边呼啸而过，火车通体都是黑色的，像一条长长的龙，一边喘息着一边吐着黑烟，迎着风向前冲去。如花赞叹道："这火车真好，真威风！"旁边的大叔却不以为然，他说这火车是欧美来的新鲜玩意儿，

元宇宙力

看着威风，其实破坏了当地的风水。

如花在海边找不到如花宝宝，便打算去城里寻找。晚上，她趁着火车短暂停留的时刻，扳着火车上的栏杆一下子翻到了火车的车顶。黑漆漆的夜晚，没有人会发现有人爬火车。很快传来一阵轰隆隆的鸣笛声，火车又开始往城里进发了。呼啸的风吹过如花的脸，如花感觉既开心又刺激。

在去城里的路上，如花看见路边有很多灯火通明的工厂，隐隐约约看见有很多工人在里面工作。有拧螺丝的工厂，有织布厂，有钢铁厂……都是大规模的生产场景，雷鸣般的机器运转声不绝于耳，东西一生产出来就被火车运输到了不同的地方。过了几个小时，火车停下来，天也微微亮了，已经到站了。如花从火车上跳下来，混在人群里走出了火车站。

终于到了城里，这里的景色和之前去的地方又有了很大的不同，街道上人来人往，非常繁华。路边停了很多黄包车，时不时有穿着华丽的小姐或者先生来乘坐黄包车，偶尔还能看见几辆黑色的小汽车穿过。街边的建筑有的是古式房屋，有的是楼层比较高的欧美建筑，各种类型的商铺一个接一个，门口张挂着各式各样的广告招牌。这些商店有卖衣服的、理发的、卖书的，基本要什么都能找到。

不远处还有一所学校，好像是一所大学，很多穿着蓝灰色

第四章 如花世界：一个元宇宙原住民的故事

中式上衣、黑直裙子的女学生进出校门。当然还有很多穿着黑色中山装的男学生。学生们都充满了青春活力，互相交谈着对于新时代的看法以及自己的理想。

如花又沿着街走了一段路，来到了租界。租界的建筑都是西式楼层，外观比较豪华典雅。来往的大部分都是金发碧眼的欧美人。租界的娱乐场所比外面多得多，还有夜总会，门口站着很多明艳靓丽的歌星。旁边还有电影院，电影院外悬挂着几个电影明星的照片。

如花走到商业街，准备找点吃的，顺便逛逛街。这时候，一个穿着旗袍、烫着头发、化着精致妆容的女人朝她走过来，问她要不要去烫头发。如花脑袋大，烫头发一定很好看，现在正是流行烫头的时候。如花有点想去，但是心里还记挂着如花宝宝，于是婉拒了。这时候，又过来了一个西装革履的男人，他打了摩丝，油头粉面的，笑着邀请她们去舞台跳舞。女人欣然同意，跟着男人走了。但是如花还有别的事情，就推托离开了。

走着走着，一个卖报纸的小男孩走到如花面前推销报纸，如花正好也想看看有什么新闻，就买了一份。如花看到了在报纸的角落刊登的寻人启事，眼前一亮，她也打算去登寻人启事寻找如花宝宝。

于是，如花来到了报馆，和工作人员说明了自己的情况。

她告诉工作人员，如花宝宝身高和六七岁的小女孩差不多，长得像人又不太像，皮肤是白色的，身上没有毛，眼睛很大，眼珠是黑色的，头上有一些稀疏的毛发。工作人员感到很诧异，但是见如花态度很诚恳，便相信了她。最后如花补充道，如果有人在寻找一个叉叉眉毛、鸡腿脚的女子，那就是她的如花宝宝在找她，直接联系报馆就行。

如花等了几天，收到了几封信件，但是和如花宝宝没有关系，都是一些骚扰信件。这些男的看了报纸上刊登的寻人启事，对如花产生了很大的兴趣。他们觉得如花是一个很有个性的新时代女性，不是那种传统的逆来顺受的类型。他们喜欢新潮女子，都想约如花见面，一起喝咖啡，打网球。如花对这些信件嗤之以鼻，扔在一旁就不管了。

很快又来了一封信，是一个电影导演写来的，他觉得如花是一个特别的女子，性格独特，和其他的女孩子不一样，很有故事性。他邀请如花去当电影明星，他会好好培养如花，保证让她红起来。

如花对当明星成名没有什么感觉，想要拒绝。这时候突然传来了如花宝宝的消息，一个工厂老板找到了如花。这个老板告诉如花，他有一个很大的工厂，生产钢铁和各种零件，自己每天指挥一两千人在一个大车间里面工作，工厂是流水线的模式,工人们都按部就班做自己的那部分工作。他还说自己有一辆小汽车,现在买得起车的人不多。

有一天,他突然发现一个长得像胡萝卜的小东西坐在他汽车顶上,那个小东西告诉他,她正在寻找一个大脑袋、会翻白眼,有叉叉眉毛、手脚像鸡腿的大姐姐,想要坐他的车寻找。老板马上就记起了报纸上的那则寻人启事,于是就赶紧找到了如花。

如花发现他描述的外貌和之前两次如花宝宝的外貌都不一样,但考虑到如花宝宝有可能已经改变了形象,便跟着工厂老板去找如花宝宝了。工厂老板开着车带着如花到了他的工厂,如花宝宝一下子就跳出来扑到如花的怀里,这个小东西果然又变样子了,全身上下除了脸都是橙色的,活脱脱就像一根胡萝卜,脸上还长满了络腮胡子,颜色是绿色的,如花宝宝瞪着圆圆的黑眼珠子看着自己。

如花哭笑不得,觉得如花宝宝越长越滑稽了,但还是觉得她能回到自己身边就足够了。这时候,工厂老板趁机说出了自己的想法,表示自己很喜欢如花,想要和如花一起喝咖啡、跳舞、看电影,还说以自己的经济条件能给如花满意的生活。

如花一下子就看出了他的目的,她对这个老板并没有什么好感,就推托说自己答应别人要拍电影,没时间出去玩。如花为了摆脱这个工厂老板就答应了电影导演的请求，导演也积极地回应如花，表示会认真培养她。

这个时代的电影大部分都是默片，也就是无声电影，影片没有人物的对话声音，只有背景音乐。观众可以通过演员的动作和表情来理解电影里的情节，有时候会插入文字来帮助观众理解剧情。默片靠的就是演员的身体动作和面部表情。

很快，这个电影导演兑现了他的承诺，为如花量身定制了一部电影，主要讲述一个新时代女工的日常生活，风格轻松幽默，但是轻松背后也隐藏着很多特殊意义。如花被剧本吸引住了，便认真按照导演的安排磨炼自己的演技，经过几个月的努力电影终于拍完了，导演对如花的表演很满意，觉得如花是一个可塑之才。

电影上映之后，如花靠着特殊的气质、丰富幽默的面部表情和夸张的肢体动作很快走红。大街小巷里很多人都能认出她来，她成了电影界的当红明星，上了杂志封面，拥有了一大批忠实粉丝，还开了属于自己的粉丝见面会。很多女性都把如花当成榜样，觉得如花身上有一种独特的、不服输的新时代女性气质。

第一部电影走红之后，马上又来了几部电影邀约。如花被一部有声电影的邀约吸引住了，如花内心明白，以后的电影都

《如花在野·安迪沃霍尔》系列

是有声电影,所以就打算演这部有声电影,并且把这个消息告诉了她的恩师,那个电影导演。

导演听说如花要去演有声电影特别生气,他觉得现在是默片时代,没有人会想听电影里面的人说话,她去拍有声电影就是不爱惜自己。导演坚持让如花推掉这部电影,但是知道未来发展趋势的如花坚决要演。于是他们大吵起来,吵到最后谁都不服谁。

导演左思右想,觉得肯定是如花宝宝怂恿如花去演有声电影的,于是他找来了一个热气球,把如花宝宝绑在上面,然后把热气球放飞了。这一幕刚好被如花看见了,可是她已经来不及阻止,热气球越飞越远,很快就不见了踪影。导演很高兴,如花很伤心。

如花觉得自己身为如果没有如花宝宝就什么都干不了,她放弃了电影明星的大好前途,准备继续去寻找如花宝宝。

四、第四世:如花在信息世界

如花到处寻找热气球的踪迹,她听路人说看见热气球飘到海边去了,便急匆匆地赶到码头,登上轮船去寻找如花宝宝。如花在甲板上四处张望,寻找如花宝宝的踪迹,可是除了海面

第四章 如花世界:一个元宇宙原住民的故事

飞过的几只海鸥,根本就没有热气球的踪迹。

过了几天,船到岸了,如花失望地下船。但下船后她惊喜地发现,热气球就在岸上的不远处,她激动地飞奔而去,却发现热气球上只有一些断掉的绳子。应该是如花宝宝挣脱绳子跑掉了,如花内心想。

如花跟着人潮往前走,想要寻找如花宝宝的踪迹。没想到一下子就来到了信息时代。

在信息时代里,手机、计算机等现代化高科技设备都普及了,整个社会都是移动互联网的时代。人和人之间的联系更加方便,互联网已经深深地融入大多数人的生活里,成了大家必备的工具。大多数人的生活都被碎片化了,社交、学习、工作、玩乐都因互联网连在了一起。人们的生活节奏越来越快,大家都在追求高效率的生活。

找人也比之前方便了很多,之前还需要登报找人,现在只需要在寻人网站上发个帖子就好了。

如花很快就行动起来,她找到了一个大型寻人网站,然后在上面发帖子:"寻人启事:如花宝宝,种族不详,身高 1.2 米左右,圆脸,脸上有绿色的络腮胡子,除了脸、头部和四肢都是橙色的。另外,如果有谁在寻找一个大脑袋、会翻白眼、长着叉叉形状眉毛的女子,请立即联系我,必有重谢。"

帖子发出去几个小时,只有十几个浏览量,如花觉得很诧异,这时候系统提示,她发的帖子不能出现在"寻人网站",因为她找的不是人,是怪物。如花明白了,换了一家网站,重新把帖子发出去了,这次如花学聪明了,她同时找了好几家网站一起发。相信看到的人会很多的。

很快就有消息了,一个男人联系到了如花,他告诉如花,见到过和她的描述一模一样的精灵,如花让那个男人拍张精灵的照片给她看。男人说没有照片,只是自己在河边散步时,经常会碰到这个小精灵。如花内心闪过一丝怀疑,但是害怕就此错过,于是就答应赴约了。

很快如花按照约定的时间和地点到了河边,那个男人果然在那里等着,他打扮得很阳光,一脸热情地和如花打招呼,还很绅士地帮如花拿东西。如花问如花宝宝在哪儿,男人说如花宝宝要到晚上才会出现在河边,他们可以先去吃个饭。如花上了这个男人的车,没想到一上车这个男人就对她动手动脚的,吓得如花赶紧让他停车,然后离开了,原来这个男人只是想骗色。

没过多久又有一个女人来联系如花,她告诉如花自己见到了和她帖子里面写的一模一样的精灵。她现在把小精灵关在了一个黑暗但可以透气的箱子里面,打算空运给如花,条件是如花必须提前给她酬劳。如花有了上次被骗的经历之后，多了一个心眼儿，她让女人把小精灵的声音录下来让她听听，女人就给她录了。如花在录音里听到了一阵"吱吱"的声音，有可能还真是如花宝宝。于是她给这个女人付了款，很快她就收到了黑暗的透气泡沫箱子，她激动地打开箱子，却发现里面只是一只"吱吱"叫的小松鼠，她明白自己又被骗了，这次被骗了钱。

如花内心特别难受，她不想就这么算了，她想要找人倾诉。可是她身边并没有熟人，于是她把自己被骗的经历录成视频发到了网上，还公布了一些证据。视频里，如花声泪俱下地诉说自己的委屈，还表达了自己对如花宝宝的思念。视频一发出去就吸引了很多人，这些人被如花的事迹感动了，纷纷表示同情，并且痛斥那些骗财骗色的骗子。

随着看视频的人越来越多，如花成了小有名气的网红。于是如花想到了一个办法，她每天都在视频里翻白眼给别人看，说如果有人要找一个大脑袋、喜欢翻白眼、有叉叉眉的女子，请私信联络自己。

如花天天都在直播寻人，很快就吸引了更多的人，大家都被她的勇气和接地气感动了，很多人还自发组织人帮助如花寻找如花宝宝。终于，有人看到了精灵，说精灵长得和帖子里面描述的样子不一样，这个小精灵浑身长着浅浅的白色绒毛，头上有两个小小的耳朵，脑袋比较圆，眼睛是白色的，眉毛是叉形的，鼻子也是圆圆的，嘴巴很小，没有胡子。但是这个小精灵准确地说出了如花的长相，所以他就赶紧联系如花。

如花一听就知道她的如花宝宝又换了一个形象，这个人肯定不是骗子。于是她联系到这个人，终于和她的如花宝宝重逢了。如花笑盈盈地摸着如花宝宝又白又圆的大脑袋，说她长得比之前都可爱，如花宝宝也很开心，不停地往如花怀里蹭。

如花非常感激网友们的帮助，她带着如花宝宝在视频里面向网友们道谢，表示如果没有网友们对她的帮助，她不可能找到如花宝宝了，感谢这个消息灵通的信息时代。网友们也很开心，觉得自己做了好事，他们被视频里那个呆萌可爱的如花宝宝吸引住了，觉得如花的小宠物真可爱真好玩。马上如花的短视频账号粉丝越来越多，如花也积极地带着如花宝宝和网友们互动。

俗话说，人怕出名猪怕壮。随着如花越来越火，有商家找到如花，希望如花帮助他们带货，会根据时间还有卖货的数量给如花可观的酬劳。但是如花不想利用粉丝赚钱，她觉得这样不好。但是找如花带货的商家越来越多，他们给如花洗脑，说现在带货直播是很稀松平常的事情，而且卖的东西都是物美价廉的，可以给粉丝实惠。如花也心动了，她想改善自己和如花的生活，过得更富裕一些。

不过如花很有责任心,她每次带货之前都会提前调查,确定没什么问题再拿去卖,并且还做了很多功课,防止在带货时尴尬地说不出话来。每次带货她都会带上如花宝宝,因为大家喜欢看见如花宝宝,如花宝宝在的时候她的直播间总是特别火爆,很快她俩一起赚了不少钱。

随着如花的直播间越来越火爆,其他的带货主播开始不满起来,他们觉得如花抢走了他们的生意,让他们不好过了。于是他们开始四处散布如花的谣言。有的说如花的所有经历都是她一手策划好的,如花宝宝根本就没有失踪过,她利用人们的同情心和怜悯一直在演戏,目的就是出名,可以带货直播赚钱。

有人说精灵不是活的,没有宠物会长成那种四不像的样子,说如花宝宝是一个高级的 AI 玩具。还有人说如花宝宝本来是一个小孩子,如花给她的四肢注射肌肉萎缩针,让她四肢退化,然后给她注射神经药物让她大脑退化,最后甚至毁坏她的声带,让她不能正常发声,说如花宝宝是被如花弄成残疾的小孩子,所以才长得像人又不太像人。

如花对这些谣言嗤之以鼻,因为这些描述都可以找出很多漏洞。如花在直播时针对这些谣言做了一些澄清,很快这些谣言就都平息下来了。大家也都相信是有心人嫉妒如花才编造出这些谎言的。

《如花在野·草间弥生》系列

第四章 如花世界：一个元宇宙原住民的故事

但是真正有杀伤性的谣言很快就来了，有人说如花宝宝是科学实验室做出来的怪物，并且说如花经常买很多化妆品就是为了提炼出有效的化学成分，然后自己偷偷在地下实验室做实验。还有人和一位科学家联系探讨这件事，这个科学家是在某个大学的基因实验室做研究的。他表示，如花宝宝很可怕，很可能是基因编辑技术产生的怪物，基因编辑涉及伦理，是违法的，应该及时报警。

科学家的言论一出来就引起人们的广泛讨论，在他们眼里，科学家是权威的代表，说的话大都是有科学依据的。而如花宝宝长得又不像人又不像动物，多半就是几个物种混合编程产生的怪物了。很快舆论都一边倒，都在骂如花丧心病狂，做出这种怪物来博眼球。科学界的科研人员也纷纷对如花宝宝发表了自己的看法，无非就是说基因编程违背人伦之类的话，还说如花肯定有自己的地下实验室，酝酿着某些阴谋活动。

如花现在是有口难辩，她没办法说出如花宝宝的来历，于是只好关闭了自己的社交账号，过低调的日子。但是这件事情因为闹得太大，都已经惊动了政治界和法律界，警察过来找到如花，说要带走如花宝宝，调查如花宝宝的背景。如花宝宝逃走了，走之前还对警察说，人类真可怕。就这样如花宝宝又一次失踪了，如花又开启了新一轮的寻找如花宝宝之旅。

五、第五世：如花在元宇宙世界

一眨眼，如花回到了现实，现实的如花在科技公司上班。每天都感觉很烦，因为工作不自由，每天早上都要早早起床去挤地铁，不能迟到。一迟到就会扣工资。到了公司又要面对领导的压迫，还必须保持一个好的态度。工作量少的时候还好，一旦任务重了，又得加班熬夜赶任务，还不能有任何的怨言。

长期在计算机前工作导致自己每天双眼干涩，颈椎疼痛，时间长了还有些神经衰弱。晚上睡不着觉，就算睡着了也睡得很浅，稍微有些扰动就惊醒了。因为每天都在公司里上班，没有时间运动，新陈代谢越来越差，肚子上的肉越来越多。领导和上司只关心有没有业绩，其他的事情一概不理。如花在公司上班感觉越来越压抑，她想要过自由自在的生活。

这天早上如花早早地就从睡梦中醒来了，她想起了昨天晚上的梦，想起了自己和如花宝宝在原始世界、农业世界、工业世界、信息世界一起经历的种种，她想起了自己和如花宝宝一起奔跑、一起跳舞、一起玩耍的情景。她很想念如花宝宝，想要见到她。

于是，她戴上了虚拟眼镜，进入了自己的元宇宙。元宇宙是虚拟现实世界，人们在自己的元宇宙世界里都有自己的数字

第四章 如花世界：一个元宇宙原住民的故事

化身，可以在元宇宙中创造自己的天地。元宇宙是基于 VR 和 3D 技术创造的虚拟世界。低延迟和拟真感让用户在元宇宙里有身临其境的感受。现实世界的用户可以在虚拟世界里面有一个或者多个分身。虚拟世界的资源丰富，用户可以根据自己的喜好在元宇宙里创造自己喜欢的东西。而且元宇宙很稳定、安全，可以充分发挥用户的想象力和创造力。

如花在元宇宙里面创造了之前梦境里面的场景，她还原了原始社会里面的山洞、草地和小溪；还原了农业社会里面的村落还有自己开的那家面馆；还原了工业社会里面的火车、烟囱，还有播放默片的电影院；还原了信息社会里的直播间……只要是如花想到的东西，她都在元宇宙里面还原了，但什么都有了就是没有如花宝宝，如花感到很难过，很失望，很伤心。

这时候不断有人邀请如花去其他的元宇宙小世界里面玩耍，但是如花都拒绝了，她不喜欢，她只想找到自己的如花宝宝。

很快就到了上班时间，如花不想去公司，就算现在赶去公司也会迟到。所以如花还原了自己工作的地方，直接和同事们连线，然后和同事们协同办公，她觉得在家办公比在公司办公效率更高。这时候，突然有人敲响了她办公室的门。

如花打开门，结果一下子跑进来五个精灵，前四个精灵分别是在原始世界、农业世界、工业世界、信息世界陪伴自己的精灵。还有一个新的精灵，这个精灵长得和前面四个都不一样，它长得更像鱼，身上是蓝色和红色相间的鳞片，眼睛又大又亮。

如花开心地和小精灵们拥抱，终于重逢了。原来，这些小精灵都是如花在元宇宙世界里面创造出来陪自己的，除了这几个精灵，还有几十万个精灵都是如花创造的。这些小精灵都是如花在元宇宙的分身，都是她忠实的小伙伴。

五个小精灵带着如花去看其他的精灵，如花站在楼顶上俯视着楼下，楼下广场密密麻麻地聚集着30万个精灵，它们对如花呼喊着，还称呼如花为大王。如花非常高兴，她打算在元宇宙里建立一个属于自己的王国，和自己的小伙伴们每天快快乐乐地生活。

因为有这么多小伙伴陪伴自己，如花不打算上班了，她直接去公司辞了职。临走的时候，人事经理问如花打算去哪儿高就。如花回答，准备回家去当国王。人事经理继续问，是回家继承王位吗？如花回答，不是，是在元宇宙里面开创属于自己的王国。

从此如花开始专心创造属于自己的元宇宙王国。她在元宇宙里面设计了一个大大的庄园，还设计了很多农田。她在农田里种植了各种各样的庄稼，还开垦了几片果园，种植苹果、梨子、香蕉等。在庄园的旁边设置了一个大型的养殖场，里面养着各种鸡鸭牛羊。

第四章 如花世界：一个元宇宙原住民的故事

除了这些，如花还设置了很多娱乐场所，比如歌舞厅、电影院等。电影院里既有风趣幽默的默片电影，也有常见的有声电影，出演者都是如花和如花宝宝们。如花觉得除了农业和工业社会，还应该设置一些自然风光，于是她又添加了很多原始洞穴，洞穴里面有很多神奇的植物和宝藏，人可以去探索。另外，如花还创造了很多原始森林，在原始森林里面设置了很多奇异的飞禽走兽。森林的前面还有绵延不绝的山脉，有的山脉的高度甚至超过了现实生活中的喜马拉雅山。

做完这些基本的场景布置，如花就开始进行人事规划了，首先自己当国王。五个小精灵作为国家的五大元老，分别掌管着国家的财政、外交、教育、娱乐、科学。其他的 30 万个小精灵按照自己的天赋和意愿各司其职，大家都是自由的，没有人会被迫做自己不想做的事情。

从此，如花国王和五个元老以及其他的 30 万个小精灵一起开始幸福地经营自己的生活。如花的元宇宙世界也吸引了很多其他元宇宙的人，他们纷纷跑到如花的元宇宙王国来玩，有的过来体验荒岛求生，有的过来体验种植和养殖，有的过来登山，有的过来探险寻宝，还有人来体验工业时代的生活，体验电影明星的感受。

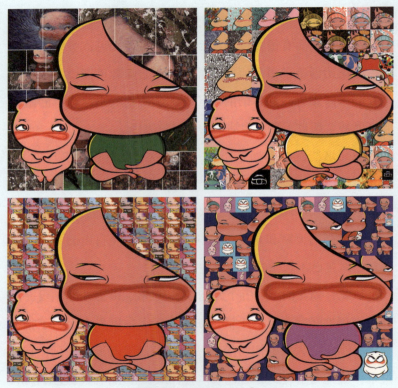

《如花在野·NFT 元宇宙》系列

第四章 如花世界：一个元宇宙原住民的故事

我创造了一个如花世界，在这个世界里，我的想象力会驱动如花出现在无限可能的场景里，我想到即她所到，可以在海洋里，可以在草原里，可以在森林里，可以在宇宙外，也可以在超时空里……

以上只是如花世界里无数个如花中的五个如花，而如花可以生成更多分身，拥有不一样的人生体验，这便是元宇宙世界吸引大家迁徙的动力。

一花一世界，我的如花亦如人人都有"如花"。在元宇宙的世界里，每个人都可以用元力创造出无限世界，我们可以彼此到访，在彼此的元宇宙世界里交往共生。这个时候，我们可以如本宇宙世界一样交易、生活、娱乐。

如果你也想到如花的元宇宙王国里玩耍，欢迎通过以下如花世界的入口进入，开启你的探索之旅……

如花世界入口

结　语

随着元宇宙时代的到来，尽管在技术发展、相关规范、监督政策方面还很需要人类的共同智慧去推进和完善，但是有一点毋庸置疑，那便是人类正在向数字世界迁徙，未来拥有想象力的人将是站在价值高地的人。

所以我与老友邢杰探讨后，写成了这本《元宇宙力：构建美学新世界》，希望从感知力、认知力、创造力、想象力出发，以用户的视角去看元宇宙时代的用户场景、体验创造，看到元宇宙时代下与本宇宙截然不同的、全新的美学逻辑。

我记得小的时候，常听到大人说一句话："学会数理化，走遍天下都不怕。"我认为以往的孩子们更多地在学物理的、自然的知识，科技进步和文明发展，都离不开对本宇宙的不断探索和了解。但是我们已经慢慢进入数字时代，进入元宇宙时代，里边有大量的智能工具、算法工具，来辅助人类完成更多工作，提高人类的生产力和效率。这时，对数字逻辑的学习变得更为

元宇宙力

重要。就像我们每个人现在基本上都有智能手机一样，10年后我想象我们每个人都有一个元宇宙身份，当然有一些人可能还有多个元宇宙身份。元宇宙身份下的每个人都会有一些元宇宙器物，这些都是元宇宙的增量价值。比如我在本宇宙世界里有本子，有书，有屋子，当我在元宇宙世界里也有了一个身份后，就会在元宇宙里有一些与之相应的数字虚拟场景，以及属于这个身份的物品。而这一切都需要想象力去构建。

所以我一直表示未来是想象力经济的时代，很幸运我们所处的时代能让我们的想象力和创造力变成我们生存的支撑。作为一位父亲，我认为现在就要培养孩子的创造能力、想象能力，让孩子拥有一些感性思维，鼓励他们用自己的新思维去展示一些对于未来的理解，鼓励他们用数字化的、智能化的手段去创造性地解决问题。我会有意识地培养孩子去做一些具有创造力和想象力的工作，而不是只强调效率、强调重复劳动的工作内容，我觉得现在要马上让他们去参与一些和设计、艺术、创造性相关的学习。

未来，我觉得工具不是问题，技术也不是问题，人类的创造力、想象力才是那个对价值的理解起到决定性作用的问题。

最后，我们希望每个人，我们自己，还有我们培养的下一代，不要忘了想象力的重要性，元宇宙世界就是一个想象力经济的世界。

而人类文明的每一次进步，都离不开人类的想象力爆发。

贾 伟

2021年12月

参考文献

[1] 叶朗.美学原理［M］.北京：北京大学出版社，2021.

[2] 陈鸿俊，刘芳.中外工艺美术史［M］.长沙：湖南大学出版社，2017.

[3] 曹增节.网络美学［M］.杭州：中国美术学院出版社，2006.

[4] 邢杰，赵国栋，徐远重，易欢欢，余晨.元宇宙通证［M］.北京：中译出版社，2021.

[5] 吴军.数学之美［M］.北京：人民邮电出版社，2012.

[6] 杨振宁.科学之美与艺术之美［N］.人民日报，2015-05-19.